高校英语教学方法的理论分析与实践探索

龙蕙 李珊 刘磊 著

吉林出版集团股份有限公司

图书在版编目（CIP）数据

高校英语教学方法的理论分析与实践探索 / 龙薏，李珊，刘磊著.—长春：吉林出版集团股份有限公司，2024.3

ISBN 978-7-5731-4700-4

Ⅰ.①高… Ⅱ.①龙…②李…③刘… Ⅲ.①英语－教学研究－高等学校 Ⅳ.①H319.3

中国国家版本馆CIP数据核字（2024）第059595号

高校英语教学方法的理论分析与实践探索

著　　者	龙　薏　李　珊　刘　磊
责任编辑	赵利娟
封面设计	牧野春晖
开　　本	710mm×1000mm　1/16
字　　数	156千
印　　张	10.5
版　　次	2025年1月第1版
印　　次	2025年1月第1次印刷
出版发行	吉林出版集团股份有限公司
电　　话	总编办：010-63109269
	发行部：010-63109269
印　　刷	三河市悦鑫印务有限公司

ISBN 978-7-5731-4700-4　　　　　　　定价：78.00元

版权所有　侵权必究

前言

随着我国基础教育改革的全面推进，英语课堂教学行为越来越受到学者们的关注，因为课堂教学行为直接影响学习成效和教学质量。目前，学生在学习内容和方式上仍然比较被动；教师对学生的关注度不足；教师的课堂教学应试性强，教育理念与教学行为不一致。基于以上结论，本书对英语教师提出以下改进建议：将关注学习成绩转变为关注学生成长；将应试教学转变为素质教育；将关注教师自身的"教"转变为关注学生的"学"。同时，在教学工作中，教师要注重学习，善于积累；注重反思，善于总结；注重研究，善于升华；注重互动，善于引导。

本书对当前各种英语教学理念进行分析，让学生通过阅读积累语言知识，巩固语法，培养语感，扩大词汇量，了解文化知识，进而有效地提高英语阅读能力。最终，将英语阅读教学的重点转移到对学生素质的培养上来，真正让学生参与到自主学习的课堂氛围中，使阅读课的教学充满生命力。

本书以当前英语教师在教学活动中的各种教学理念为视角，研究课堂教学行为的适切性。通过分析各种方法，结合课堂观察和教师访谈，深入一线课堂进行实证研究，为大家提供了大学英语教育改革、我国英语专业教学的现状分析、英语专业教学发展的哲学理念、英语教学发展的教育学理念、主体间性教学、跨文化英语教学以及慕课（Massive Open Online Courses，MOOC）模式等内容。

由于作者水平和学识有限，书中难免有不当之处，敬请各位专家、学者和广大读者对本书的内容和结构多提宝贵意见。

在本书的写作过程中，参阅与引用了多方面的研究资料，已在参考文献中注明，若有遗漏之处，敬请谅解并向相关作者表示衷心的谢意。

龙 薏 李 珊 刘 磊

2023 年 11 月

目 录

第一章 英语教学方法概述 // 1
  第一节 教学法与教学方法 // 1
  第二节 外语教学法与第二语言教学法 // 8

第二章 英语专业教学转型发展的哲学理念 // 21
  第一节 人本理论 // 21
  第二节 间性理论 // 35
  第三节 主体间性哲学 // 42
  第四节 间性哲学理论指导下的英语课堂
      教学原则 // 48

第三章 英语专业教学转型发展的教育学理念 // 57
  第一节 课程与教学论 // 58
  第二节 教育生态学 // 68
  第三节 学习理论 // 72
  第四节 认知负荷理论 // 86

第四章　文化理念下大学英语教学方法的转向 // 92
　　第一节　从文化角度看大学英语教学 // 92
　　第二节　大学英语教学中的文化障碍 // 105
　　第三节　教学改革背景下的大学英语教学 // 111
　　第四节　跨文化交际下的英语教学分析 // 117

第五章　全面发展理念下的英语个性化教学方法 // 123
　　第一节　差异教学策略与大学英语个性化教学 // 123
　　第二节　大学英语分层教学策略与个性化教学 // 140
　　第三节　多元智能策略与大学英语个性化教学 // 143
　　第四节　基于翻转课堂的大学英语个性化教学策略 // 154

参考文献 // 160

第一章　英语教学方法概述

第一节　教学法与教学方法

一、教学法与教学方法的内涵

（一）"教学法"的内涵

"教学法"这一词汇在中国的历史中经历了多次更名，属于引进的学术术语。观察历代学者对此术语的不同翻译，例如，"教学技艺""教授法""教学论""教法"及"教学法"等，可以发现对"教学法"的使用始终伴随着一定程度的概念混淆。回顾这个术语在西方教育领域的发展历程，最初"教学法"被等同于"教学技艺"，并与"教学论"含义相近。教育专家们普遍认同教学方法是教育理论的核心，既包括理论的应用模式，也涵盖了教学的关键要素。在这个阶段，教育界对于"教学论"和"教学法"之间的区别并未明确界定，而"教学法"的定义既包括抽象的教育学理论（如夸美纽斯的"大教学论"被认为具有教育学意义），也涉及具体的教学技巧。

19世纪以来，"教学法"一词开始以苏联教育学家关于"重教"的解释为主导，逐渐取代了"教学论"。在日本，教育系统深受赫尔巴特的"五段教学法"影响。例如，德语"didaktik"和英语"didactics"被翻译为"教授学"，强调了教学方法和教材安排的系统性。此外，受英美"重学"教育理论的影响，"教授法"逐渐从"教学论"中独立出来，并被"教学法"这一概念所替代。约翰·杜威（John Dewey）

运用其实用主义哲学到教学实践中,提倡基于儿童生活经验的体验式教学。他的学生克伯屈(Kilpatrick)也主张让学生自主决定学习的目的和内容。此外,布鲁纳(Bruner)提出的"发现法"(Biscovery Learning)强调以学习者为中心,鼓励学生主动探索学科的基本原理和规律。

通过历代教育家的不懈探索,"教学法"这一概念经历了从初期的"教学技艺"(Art of Teaching)和"教学方法",到重视教授的"教授法",再发展至平衡教学与学习的"教学法"(Teaching and Learning Method)的演变过程。这一过程不仅包括在德国理性与思辨教育文化传统下,对抽象学科教学本质和规律的深入挖掘,也涵盖了在西方经验主义和实用主义教育文化背景下,具体教学问题解决策略和教学模式的创新。随着时间的推移,"教学法"的定义被不断地丰富和整合,形成了一个更加综合和全面的概念。在中国,"教学法"这个术语及其在教育界的应用历经了一系列变革。它最初源于"教授法"这一名称的变更。"教授法"作为教育学术语,其起源可以追溯到20世纪初期,由日本师范教育学科的专业术语翻译而来。1904年,清朝政府实施的《奏定学堂章程》明确规定所有级别的师范学校都要开设包括"教育史、教授法"在内的教育学课程。这里提到的"教授法"指的是涉及教学的基本原则,即后来所称的"教学论"。在中国教育史上,早期自日本引进的教育文献普遍使用了"教授法"这一术语,如《教授法沿革史》《小学教授法》《统合新教授法》和《大教授法》等。此外,德国教育家赫尔巴特的教育理念及其弟子莱茵的教学法对中国的教育体系产生了显著影响,其中赫尔巴特的四段教学法和莱因的五段教学法在中国学校的教学中尤为重要。然而,这一状况在1918年发生了转变。当时,陶行知先生在南京高等师范学校的一次校务会议中提议,将所有的"教授法"课程更名为"教学法"。自此,"教授法"一词在教育领域逐渐被淡化,教育话语体系也从"教授法"转变为"教学论",而"教学法"则成为"教学论"的一个子概念。

在民国中后期,中国教育界为了进一步向西方靠拢并吸收西方教育理念，开始接纳以英美为代表的"重学"教学法。众多西方教育家如杜威、保罗·孟禄（Paul Monroe）、L.克雷顿（L.Creighton）、巴顿（Burton）和W.A.麦柯尔（W.A.McCall）等陆续来华传播他们的教学思想。此外，各种西方教学法，如自学辅导法、蒙台梭利教学法、莫里逊单元教学法、文纳特卡制教学法等，也在中国以教学实验的形式被引入并得到了广泛发展。自此，"教授法"在形式上转化为"教学论"，而在应用上则演变为"教学法"。这种转变不仅体现在课程设置中的语言使用上，还体现在教育法规、著作、刊物及教师的日常用语中，"教学"这一词汇完全取代了"教授"，成为表述教学概念的主要词汇。

　　"教学法"的概念在中西文化的发展历程中展现了其复杂性和重要性，同时汇集了多元化的声音和观点。这种多样性虽然表面上象征着学术领域的充实与繁荣，但在深入分析中，不同的理解和应用可能导致研究和学习上的困惑，甚至阻碍了该学科的科学发展。在中国，这种术语的复杂性同样给学者们带来了不少困惑与挑战。进一步的研究显示，关于教学法的文献相对较少，而且在一般的教学理论中，关于教学法的系统性讨论也不多见。多数情况下，人们会以"教学方法"为名来探讨其定义、特性和分类标准。然而，对于"教学方法"的详细讨论，既包括从系统论角度对教学法的理论和实践的介绍，也包括对课堂具体教学方法的使用和意义的讨论。

　　在学术界，对于"教学法"这一术语的理解和定义存在几种主要的趋势。一些学者认为，教学法主要指具体的课堂教学技巧和方法，如"方式论""措施论""手段论""办法论"和"活动论"。另一些学者则将教学法视为一种理论探讨，定义为"一组关于教学本质的相互联系的假设"。还有学者认为，教学法是一个更全面的体系，不仅关注具体的教学技巧，还涵盖了教学理论在实际教学过程中的应用，是一个包括理论基础、操作程序、教学理念、教学设计、教学程序，以及具体教学方法和技巧的综合逻辑体系。

　　教学法研究的范围很广，研究教学法涉及广泛的领域，包括教学的任务、内容、原则、技术手段和组织方式等多个方面，这些都构成了其研究的核心。因此，在本书中，我们将"教学法"定义为"一套涵盖理论基础和操作程序的逻辑体系，包括教学理念、教学设计和教学程序，以及具体的教学方法与技巧等"。

（二）"教学方法"的内涵

通过回顾"教学法"一词的历史溯源，我们发现，在教学领域的初期，对于"教学法""教学方法"甚至"教学论"的定义和区分并不明确。术语如"教学技艺""教授法""教式""教法""学法""教学论"等在教学研究的发展过程中，既被用来泛指多维度的"教学法"，也被用来具体指代"教学方法"。这些术语的使用往往基于研究的需求，而非基于词义本身的具体含义和特性。

这种对术语表述的模糊性和多样性不仅给学习者造成了一定程度的困惑，而且在进行不同层次的研究比较和解读时也产生了影响。因此，为了确保研究的严谨性和科学性，我们认为有必要首先对这些术语的具体含义进行明确的界定。在此基础上，根据不同的研究语境，进行特定的约定和说明。这样的做法将有助于澄清术语的使用，提升研究的准确性和深度。

在探讨"教学方法"这一术语时，关于其正式使用的时间点和具体含义，人们的看法各不相同。大致来说，关于教学方法的解释可归纳为以下几种：首先，有观点认为"方法"指的是为了探究或发现真理而采取的系统化安排或程序。在这个语境下，"教学方法"带有一种形而上的哲学色彩，它是从方法论的角度对教学进行的解读。当"方法"这一概念与"教学"相结合，形成了"教学方法论"的概念。这种理论框架在肖礼全的《英语教学方法论》[①]中得到了详细的阐述和定义。肖礼全的理论不仅局限于对教学方法的简单描述，而是对其进行了深入的层次化分析，将教学方法细分为宏观、中观和微观三个层面。在宏观层面，肖礼全着重于英语教学系统的整体架构，包括教学的基本

---

① 肖礼全. 英语教学方法论[M]. 北京：外语教学与研究出版社，2005.

理论、核心观点、主张，以及实施这些理论和观点的操作程序。这个层面的研究关注的是教学方法的整体框架和指导原则，以及这些原则如何影响整个教学系统的运作。中观层面则聚焦于英语教学中的具体流程和规律。这些流程和规律体现为一套复杂的、分步骤的、系统化的教学技巧和做法，它们是在实践中形成的，能够指导教师如何有效地进行教学活动。这一层面的研究有助于教师理解在不同教学环境下如何灵活运用各种教学策略。微观层面更加关注教学中的具体技能和技巧，如语言表达、课堂互动、学生评估等。在微观层面上，"方法"这一概念在英语教学中并非专业术语，而是指用于解决特定问题的具体做法，它可以是一种技能或技巧。例如，在语法教学中，有演绎法和归纳法；在语音教学中，有跟读法等。

笔者提出使用"教学方法"作为教学法体系的总称，可以从宏观、中观和微观层面进行分析。如果对这一术语进行严格定义，并在全书中一致使用，理论上是可行的。然而，这样的做法可能不太容易实施，且会导致混淆和理解上的偏差。对于"教学方法"的第二种定义，主要从"方法"作为逻辑方式上来理解，用于辨析定理的陈述和组织形式。在教学领域中，这是指教学的系统理论和主张，或者是教学方法的原理。而第三种定义则基于"方法"作为达到某个目标的手段和程序的含义。在这个意义上，"教学方法"指的是具体的教学行为和活动，包括教师采用的各种教学方法如讲授法、演示法，以及学生的自主学习法、讨论法等。实际上，在教学研究中，第二种和第三种定义往往同时存在。教师在课堂上采用的方法基于特定的教学原理和观点，这种行为虽然追求即时性的目标，是基于特定教学目的对方法的灵活运用，但同时也隐含了教学方法的"理性"元素，而其"实用性"更为显著。

随着"方法"这一术语含义的演变，人们在教学研究领域对"教学方法"的理解也出现了多样性。鉴于教学环境的多变性和研究目标的多样性，只有对"教学方法"的词义和结构进行细致梳理，我们才能准确把握并选择适合我们研究需求的特定含义。这种对研究术语的严格定义有助于明确研究的核心内容和目标。正是出于这一考虑，本书对"教学方法"的词义进行了简要分析。本书的重点是从宏观的教学法体系出发，对中国本土的英语教学法进行系统性研究。在这个框架下，书中还将详细讨论每种教学法的具体应用，特别是那些基于不同理论基础的教学方法。这样的研究方法旨在为教学法提供一个全面而深入的理论和实践基础。因此，笔者采用"教学方法"的狭义概念，即"教学方法"（Teaching and Learning Method）是"教学法"的下位概念，特指"师生为了完成一定的教学任务，在共同活动中所采用的教学方式、途径和手段的综合"。

二、教学法与教学方法的关系

"教学法"和"教学方法"之间的关系因其释义的丰富性而呈现多样性。从对这两个术语的内涵分析来看，它们既有联系又有区别。尽管二者存在一定的联系，但并非完全相同。教学法作为一个更广泛的概念，涵盖了教学方法：教学方法是教学法的一个组成部分。教学法并不是单一或几个教学方法的简单组合，而是基于特定教育思想和教学理论的教学活动的整体。教学活动不仅包括理论层面的教学思想和教学设计，还包括实际教学过程的执行和教学方法的应用。因此，教学方法仅仅是教学活动的一部分，而教学法可能涵盖整个教学过程。教学法不仅包含了教师的教学方法和学生的学习方法，更超越了二者的简单相加。过去，教育界往往过分强调教师的教学，忽略了学生的学习；但随着教学改革的发展，人们开始意识到研究学生的学习对于学习者可能更有益。然而，教学法作为一个动态的体系，不应简单地被视为教学方法和学习方法的总和。一方面，教学方法和学习方法的研究通常聚焦于具体的教与学的技巧，而对它们的系统理论研究相对不足。另一方面，作为一个不断变化和发展的体系，教学法的研究往往融合了对教学方法和学习方法的探索，其中教学方法的研究已经包含了学习方法的考量，反之亦然。此外，教学法也不仅仅是教学原理与教学方法的简单组合。作为一个结合理论与实践的综合体系，教学法有两个主要的研究路径：其一是从教学活动中的具体现象和问题出发，探究如何系统地教授和学习特定学科的内容，并揭示该学科教学的普遍原理和方法。其二是基于现有的教学理论或新提出的理论预设，探讨如何将这些理论有效地应用于教学实践中，如何设计教学程序，以及如何采取基于这些理念的教学方法和技巧来丰富和验证这些理论。概言之，教学法是对教学原理、教学设计和程序、教学过程的实施、教学方法和技巧等方面的全面研究，构成了一个完整的逻辑体系。它不仅仅是教学原理和教学方法两个元素的简单叠加，而且是这些元素的综合和整合。

通过辩证地理解教学法与教学方法的关系，我们可以更加理性地确定它们在教学法研究中的位置，从而为教学法研究奠定坚实的基础，并推动其发展。我们认为，教学法研究仍具有现实意义。强调方法之上的"后方法"研究并不意味着放弃教学法的研究，而是指在传统的自上而下的理论到实践的单向研究路径之外，重新审视教师作为教学主体的多重角色，即教学、研究和学习。这种方法鼓励教师从自身的教学实践和对他人教学活动的观察中反思，并提炼出教学实践中的教学法原则，构建基于实践的自下而上的教学哲学。这一视角有望成为未来教学法研究的趋势，其中教师不仅是教书的工匠，还应成为研究者和教学法的实践者。近年来，这方面的研究呈现出增长的趋势。然而，这种研究趋势目前可能不完全适合我国英语教学的大环境，鉴于我国英语学习者众多且外语教师的知识水平和教学能力差异较大，他们在短期内成为教学研究型的"转型知识分子"可能存在困难。此外，中国与西方国家在文化语境上有显著差异。中国以汉语为母语，其文化特点与以拉丁语文化为基础的西方国家不同，因此中国的英语教学只能作为外语教学，而西方国家则多将英语视为第二语言。这就要求我们建立立足于中国的语言理论和文化背景的外语教学法体系，而不仅仅是简单采用国外的教学法研究成果。实际上，自从引进各种教学法以来，中国的许多研究人员和教师就已经意识到了这种差异，并在长期的理论研究和实践教学中进行了探索。他们或是从理论假设出发，通过多年的教学实验来验证某种教学法的可行性和有效性；或是基于多年的教学实践，积极探索提升教学水平的方法和技巧，并由此提出自己的教学法体系。这些研究都代表了中国外语教学法研究的成果，我们应该从中提取适合中国外语教学的精华元素，并在现代教学理论的指导下，努力构建适合中国本土的外语教学法体系。

第二节 外语教学法与第二语言教学法

一、外语与第二语言

外语（Foreign Language），指的是在一个以母语或本土语言为主的国家里，学习其他民族的语言并作为学习目标的语言。第二语言，或称为二语（Second Language），根据定义的宽泛程度有所不同。在广义上，二语泛指除第一语言外所学习的任何其他语言，包括国家官方语言、通用语和外语等。而在狭义上，二语特指在目标语言国家的语境中学习并使用的非本土语言。

外语通常是指非母语或本族语的语言，而第二语言（二语）则是与第一语言（一语）形成对比的概念。斯特恩（Stern）通过比较学习顺序、熟练程度和学习方式等方面，区分了一语和二语。他认为，一语通常是儿童在本族语文化环境中自然习得的主要语言，而二语是在掌握一语之后，在二语国家或地区，通过自然习得或学校教学的方式学得的辅助语言。相比之下，外语主要是在母语国家，通过学校教育，由教师指导下学习的其他国家的语言。卡西尔（Cassirer）在探讨外语学习和母语学习的差异时，特别强调成人学习外语与儿童习得母语的不同过程。他指出，尽管成人学习一门外语时会经历类似儿童学习语言的过程，但在成人意识生活的更高级阶段，我们不可能完全重复儿童时期进入语言世界的过程。他认为，学习外语的真正困难不在于掌握新语言，而在于如何摒弃旧的语言习惯。与此相比，二语学习者因为处于二语原文化的环境中，拥有与母语相似的文化语境，这对语言学习更为有利。因此，外语教学和二语教学应当被区别对待，它们各自拥有独特的特点。这表明在进行教学设计和实施时，需要考虑这两种不同类型的语言学习者的特殊需求和背景。

在本书中，我们采取了对第二语言的狭义解释，并认为外语和二语主要在文化语境和学习环境上存在差异。在我国，英语教学被视为外语教学，因此研究英语教学法时应将其纳入外语教学法的范畴。然而，中国的英语教学长期以来过分依赖欧美的教学法和教学原理，采用全盘吸收的方式，而较少从中国本土的角度出发来构建自己的教学法体系。在欧美等国家，由于文化背景多源自拉丁语文化，这种文化与英语、法语、德语等欧美本土语言属于同一文化分支，因此在这些国家中学习另一种语言时，学习者往往处于一个天然的、文化上接近的环境中，教学理论因此可以相互借鉴和应用。在这些国家，除本国语言之外的语言学习通常被称为第二语言学习，相应的第二语言教学理论也成为这些语言教学的理论基础和指导原则。然而，中国作为汉藏语系语言使用人数最多的国家，在学习英语或法语等语言时，缺乏与本土文化相近的条件，因此不能简单地归类为第二语言教学。这意味着，尽管英语作为外语的教学和英语作为第二语言的教学都是围绕英语作为目标语言的教学，但由于母语文化语境的差异和教学环境的不同，这两种教学方式呈现出不同的特点。因此，在不同的环境中，英语教学法也展现出不同的特性。

二、外语教学与二语教学

（一）外语教学及其特质

外语教学区别于母语教学，它是一种涉及多种语言和文化交融的教育实践，其核心在于跨文化交流。这与二语教学不同，外语教学更多地依托于学校课堂环境中的系统课程学习。外语教学展现出一些明显的特点。

首先，在学习环境方面，外语教学缺乏自然的目标语言环境。这表明，学习者无法在日常生活中自然而然地接触并学习目标语言，而只能依靠学校教育，在课堂上或者在模拟的语言环境中进行学习。这种学习方式类似于其他学科，需要遵循教育学的原则和理念，通过教学目标、教学设计和教学方法的优化来实现有效的教学。

其次，在教师资质方面，外语教学面临缺乏母语教师或熟练掌握目标语言教学师资的困境。语言教学与其他学科不同，它要求教师不仅具备一般教师应有的教学素养和能力，还必须在语言的结构、应用和文化等方面有深入的了解，并能为学习者提供优秀的示范。然而，在中国，多数外语教师本身是外语学习者，他们即使通过书本学习掌握了外语文化，也难以像母语或第一语言使用者那样深入了解和自然习得语言及文化。因此，并非所有精通该语言的人都适合担任外语教师。这也解释了为什么许多来自目标语言国家的外籍教师并不总是能胜任外语教学。外语教师的这些特殊要求使得在师资方面满足外语教学的需求变得更加困难。

再次，在外语教学中，母语的影响是一个重要因素。这主要表现为母语对外语学习的干扰，即所谓的负迁移，涵盖了语法结构和语用功能等多个方面。由于汉语作为母语在中国拥有数千年的历史，其与英语等外语在语言体系上存在显著差异，如发音、词汇构造、句法结构等方面。这种差异导致在汉语语境中学习外语时，经常出现负迁移现象，从而在一定程度上影响了外语教学的效果。与第二语言学习不同，外语学习者不能享受到天然语言文化的熏陶，反而经常受到母语文化的干扰，因为外语学习主要在人工创设的课堂环境或虚拟文化背景中进行。

最后，外语教学的目标和方向也存在差异。以英语为例，在中国，英语教学的目标受社会需求和教学改革的影响而不断变化。早期，如京师同文馆、自强学堂等的成立，主要目的是学习西方知识，强调实用性；壬寅学制将外语确立为正式课程，教学目标转向素质教育；中华人民共和国成立后，外语教学既重视工具功能也强调教育作用。随着西方外语教学研究的发展，我国的外语教学开始倾向于实用性，如"交际教学"和"学以致用"的理念。20世纪90年代，随着素质教育的推行，外语作为主要科目，其教学目的既包含素养方面的内容也兼顾实用性。进入新世纪，两次新课程改革将外语教学推向新的高潮，"从做中学"和"提高语言综合运用能力"的理念再次确认并强化了外语教学的工具性目的。

（二）二语教学及其特质

二语教学在狭义上是指学习者在非本族语的国家（目标语言国家）学习该国的母语，例如中国学生在美国学习英语。而在广义上，二语教学不局限于特定环境，包括所有在第一语言教学之后的语言教学。在西方的许多国家，这个概念类似于狭义的二语教学。例如，在英国，由于受希腊文化和罗马帝国的影响，拉丁语和法语以强势的方式扎根并传播，学习者不仅掌握了这两种语言的语法和规则，还自然吸收了相应的文化。加上拉丁语、法语和英语都属于印欧语系，在文化上有共同的根源。因此，尽管拉丁语和法语表面上是外语学习，但实际上已具备了文化习得的语境，即使是广义的二语教学，也具有狭义二语教学的特点。

在这两种情况下，二语教学在教学目的、环境、方式、师资和效果等方面存在一些共同特征。就教学目的而言，二语学习者不仅包括在目标语言国家的学校正式学习的学生，还包括前往该国家的移民、商务人士和在当地常驻的工作人员，他们通常带有明确的学习目的——为了更好地融入当地生活并使用该语言。这反映了一种实用性的教学目的。

教学环境方面，第二语言教学在很大程度上接近于母语教学的条件，这是其与外语教学的主要区别之一。第二语言教学通常在与母语教学几乎相同的语言和文化环境中进行，这使得学习者能够受到语言文化环境的自然影响，从而更自然地获取学习资源，并倾向于采用浸入式学习方式。在这种环境中，学习者不仅能在正规课堂上学习第二语言知识，还能在日常生活中自然习得各种相关文化和实用语言。这种正规学习与自然习得的结合，更有利于学习者全面、自然地掌握一种语言。此外，从狭义上定义的第二语言学习在心理活动过程中与母语学习更为相似，包括无意识和有意识的心理活动过程。而在外语学习中，由于是在非目标语言国家的环境下进行，听、说、读、写等活动均属于有意识的心理过程。这表明，第二语言在文化语境和学习心理过程上更接近母语，母语对第二语言学习通常有着积极的迁移效应。

在教学师资方面，二语教学的师资力量相较于外语教学而言非常雄厚。学习者不仅可以在课堂上通过专业的二语教师学习各种二语基础知识，而且生活中与以二语为母语的本国人士的交往也为二语学习者提供了最自然的学习素材和资源，使得学习者能够在有意识与无意识的双重语境中学会和习得目的语，教学效果自然也优于外语教学。

三、外语教学法与二语教学法的异同

外语教学和二语教学历史悠久。在早期，语言教学的形式相对简单且直接，当时还缺乏从教学方法角度进行的系统化语言学习研究。一些学者认为，在19世纪之前，现代意义上关于外语或第二语言教学方法的理论和研究尚未出现。进入19世纪初期，由于对拉丁语教学枯燥无味的不满，以及社会经济发展带来的外语市场需求增加，外语开始被纳入中学课程。在英国、德国、法国、美国等国家，语言教学专家开始探索更为有效和易于理解的外语教学方法。此时，语法翻译法应运而生，标志着外语教学方法研究的正式开端。此后，教学方法领域内涌现了各种理论和发展趋势，教学方法研究呈现繁荣景象。直接法、听说法、情景法、认知法、交际法、沉默法、全身反应法、自然法、暗示法等众多教学方法相继出现，推动外语教学研究达到了新的高度和突破。即便是到了后方法时代，教学法视角的研究也一直未曾离开研究者的视线，人们不再追寻一种最佳的完美教学法的绝对存在，并不表示教学法对于有效课堂教学的达成没有作用。在"仁者见仁，智者见智"的年代，教学法专家们除了跟随教学理论的变化而改变研究思路，亦有部分学者以史为鉴，从历史研究与横向对比角度对各种教学法的缘起、发展与适应范畴进行了细究。他们发现，教学法的乱象归因于外语与二语概念的混用，许多基于二语教学情境的教学法被通用于外语教学，如直接法、社团法、自然法、全身反应法、沉默法、暗示法、交际法等首先是出现在以二语为目的语、以第二语言理论为基础的教学情境中；而语法翻译法、听说法、任务型教学法等则主要出现在以外语为目的语的场域。另外，这些教学法在产生之初也并非都是基于各自语言的理论形成，尤其是在20世纪70年代，二语习得理论在整个语言教学研究领域就处于绝对领导地位，这使得一部分教学法专家们顺而用之，将并不完全适用于外语教学的二语理论也加以糅合，这就带来了外语教学法与二语教学法在理论基础与实践教学上的误导误用。因此，对外语教学法与二语教学法作异同探析非常必要。

（一）二者的起源有同有异

外语教学法和二语教学法虽然有共同的起源，但也存在差异。它们均源于欧洲国家对拉丁语的教学。拉丁语最初在欧美等地区既作为外语又作为二语进行教学，因此，以拉丁语为目的语的教学法研究成为了外语和二语教学法共同的起点。由于罗马帝国长时间统治欧洲，拉丁语逐渐从外来语言转变为欧洲的官方语言、科学语言和宗教语言，而各地本土语言则被视为方言。文艺复兴之后，欧洲各国如英国、法国、德国、意大利等开始重视本国语言的学习，但仍以拉丁语为教学的模范。

这段特殊的历史背景表明，西方国家的语言学习过程曾经是外语、母语和二语的融合。外语教学和二语教学在某种程度上可以相互等同，而广义上的二语教学包含了外语教学，这使得外语教学法在一定程度上被归入二语教学法的范畴。在这复杂的历史背景下，外语和二语教学产生了不同的需求，人们开始探索如何有效地教授这两种语言。历史上，外语教学法最早的形态出现在英国的拉丁语教学中。1549年，圣保罗学校校长约翰·柯利特（John Colet）出版了威廉·莉莉（William Lily）完成的《简易语法入门》（A Short Introduction of Grammar）。该书虽然篇幅短小，却对拉丁语的语音、句法和篇章进行了系统的教学分析，成为语法教学法的开端之一。随后，罗杰·阿斯克姆（Roger Ascham）进一步深入研究了拉丁语作为外语的教学法，涵盖了他的《教师》（The Schoolmaster）、夸美纽斯（J.A.Comenius）的《大教学论》（Great Didactic）和《世界图解》（Orbis Sensualium Pictus）中关于教学原则、教学目的、语言材料的学习顺序和教学技巧等多个方面。

二语教学法的起源可追溯到16世纪后半叶（1570—1580年），当时一些因宗教迫害逃离法国、西班牙、意大利等国的法国胡格诺派教徒和其他基督徒来到英国。为了尽快适应英国生活并融入当地文化，这些基督徒急需学习英语，从而在英国的法国人、西班牙人、德国人开始了真正意义上的第二语言学习。这一时期，第一批"英语作为第二语言"的教科书相继问世，标志着以英语为二语的教学法研究的开端。

盖布瑞·莫尼尔（Gabriel Meurier）被视为第一个将"英语作为第二语言"的教师，因此他的作品《法语和英语学习论述》（A Treatisefor to Learn to Speak French and English）被认为是二语教学法的启蒙之作。当然，这些早期的教学法探索主要基于实际的拉丁语或法语教学，旨在解决拉丁语语法翻译教学的困难或适应英国生活的需求，因此这些探索在理论上相对薄弱，不属于现代意义上的教学法体系研究。但这些尝试仍被视为外语教学法的起源。在随后的几个世纪中，对外语教学法与二语教学法的研究不断发展，直到18世纪末，在德国出现了语法翻译法，才真正开始建立起有相应语言理论和语言学习理论支持的教学法体系。

（二）二者的理论基础有同有异

外语教学法和二语教学法虽然在理论基础上有相似之处，但也存在差异。两者都基于学习者在掌握第一语言，尤其是母语之后学习的语言。因此，无论是外语教学法还是二语教学法，其理论基础都受到语言理论变化与发展的影响。特别是在20世纪70年代之前，外语教学法和二语教学法的理论基础几乎相同，都受历史语言学、结构主义、认知主义等语言学理论的主导。作为学校课程体系的一部分，无论是外语教学还是二语教学，都是教育学领域的活动，因此需要遵循教育学和心理学的原则。这使得教育学和心理学理论成为外语教学法和二语教学法的重要理论来源。同时，作为跨文化互动的教育实践，外语教学法和二语教学法的形成也受到跨文化理论的影响。

然而，两种语言的不同内涵、学习动机的差异以及不同的文化环境都对这两种语言教学法理论产生了独特的影响。这些差异造成了外语教学法和二语教学法在理论应用和教学实践上的区别。例如，外语教学常常需要克服文化和语言障碍，而二语教学可能更多地侧重于语言在特定文化和社会环境中的应用。因此，尽管两者在理论基础上有共同之处，但它们在实际应用和发展过程中展现出各自的特色和需求，这在教学方法和教学内容上均有所体现。

具体而言，外语教学法专注于研究在不同文化背景（如东西方文化）下，如何高效地教授和学习一种源自不同语言体系（如使用汉藏语系的中国者学习属于印欧语系的英语或法语）的外国语言。这种教学法从教师和学习者的角度出发，探讨如何在理论和实践上有效地进行教学和学习。因此，不同的跨文化理论构成了外语教学法的文化理论基础，而历史语言学、结构主义和建构主义等理论则成为其语言理论基础。此外，语言学理论和学习心理学也是重要的理论来源。考虑到外语通常作为正式的学校课程进行教学，教育学理论也对外语教学法的发展产生了影响。二语教学法则主要关注在相对同质的文化环境中,基于学习者的实用动机(例如为了在目标语言国家工作或生活),如何有效地教授目标语言。这种教学法的理论基础主要包括普通语言学理论、第二语言习得理论和心理学理论。特别是第二语言习得理论,在20世纪70年代借助诺姆·乔姆斯基(Noam Chomsky)的"语言习得机制"(LAD,Language Acquisition Device)和心理学理论得到了显著发展。从那时起,二语教学法被认为是基于更科学的理论基础的一种教学方法。

(三)二者的研究目的及教学模式有同有异

外语教学法和二语教学法在研究目标、受众、师生互动及课堂教学模式等多方面有所区别。外语教学法由于受到学习环境的限制,通常以课堂教学为主,目标群体主要是处于母语国的不同层次学习者,其主要目的是提高外语学习者的语言水平。相反,二语教学法包括在课堂内学习和生活中自然习得两种模式,面向身处目的语国家和环境中的各类学习者,旨在帮助他们快速融入第二语言国家的文化和生活。二语学习者包括掌握母语的儿童、学生、移民或在国外生活的成人,而外语学习者更多集中在学生群体,成人学习者相对较少。在外语教学法中,教师通常是语言权威,不仅需要引导学习者进入学习领域,还需要提供丰富的语言示例和学习技巧。外语教师既是学习者的引导者,也是课堂教学的主导者、活动组织者和学习促进者。同时,外语作为学校的主要课程,教师在教学过程中需要结合教书和育人两方面。学习者在不同教学活动中扮演不同角色,如在传统的知识传授型教学中,他们是听众和接收者,而在实践性教学中则成为问题的解决者和交际者。不同的教学流派对师生角色有不同的看法,因此师生在这些流派中的作用也各不相同。相较之下,二语教学法下的师生地位和角色更加灵活。学习者不仅参与正式的课堂学习,还能将学到的内容在自然生活环境中立即实践和运用,从而进一步自然地习得该语言。在这种情况下,二语教师不再像外语教师那样具有核心权威,而更多扮演引导者、促进者和活动安排者的角色。学习者在二语教学中既是课堂内的主动学习者，也是课外生活中积极和自然的二语习得者。此外，外语教学法和二语教学法在教学技巧的应用和母语的影响等方面也存在差异。这些差异反映了两种教学法在教学策略和学习者经验处理方式上的不同取向。

四、英语作为外语的教学法

英语目前是全球使用最广泛的语言之一。根据英国文化协会的统计，最近10年内全球有超过20亿人学习英语，这些学习者大致分为三个层次。首先，有以英语为母语的国家的学习者，例如英国、美国、加拿大和澳大利亚。其次，是将英语作为第二语言的国家的学习者，这一类包括印度、巴基斯坦、孟加拉国等十几个国家。最后，是将英语作为外语学习的国家的学习者，如中国、日本、韩国等。本书将从英语作为外语的角度进行论述，并集中探讨在这一背景下的英语教学方法的研究。本书认为英语在中国是外语，且本书内容主要以英语作为外语的视角展开，因此，将集中探讨英语作为外语的教学法的研究。

英语作为外语的教学历史已超过400年，广泛存在于全球多个国家和地区的教育体系内外。这种教学普遍被视为"面向最广泛、投入最多、持续时间最长，但尚未有任何国家或地区宣称其取得了完全满意的成效"。英语作为外语的教学法研究可追溯到18世纪末的德国。1793年，德国英语教学专家乔恩·克里斯丁·菲克（Johann Christian Fick）在埃朗根编写并出版了《以德国男女学习者为对象的实践英语课程》（*Practical English Course for Germans of BothSexes, following the method of Meidinger's French Grammar*），这是早期针对英语作为外语的语法翻译教程之一。尽管该书重点在于为德国学习者提供语法和翻译的实践指导，但它较系统地阐述了教授英语等外语的基本原则和方法，被视为英语作为外语的教学法研究的初步尝试。

高校英语教学方法的理论分析与实践探索

到了19世纪中期，随着西方国家在文化和经济领域的交流日益增多，对各类外语人才的需求不断上升。然而，当时的语言课堂仍以拉丁语教学为主，外语学习过程在基于文学文本和传统教学法中显得单调乏味。法国、德国、意大利等国掀起了语言教学改革浪潮。19世纪的最后20年，语言教学改革运动达到高潮，对整个语言教学历史产生了深远影响。这场改革主要遵循三个原则：以语音为主导、以连续性文本学习为中心、优先使用口语法。其中，亨利·斯威特（Henry Sweet）的《语言实用学习指南》（*The Practical Study of Languages*）（1899年）和丹麦语言学家叶斯柏森（Jesperson）的《外语教学法》（*How to Teach a Foreign Language*）（1904年）对后续的英语外语教学法研究产生了基础性影响。这两部著作虽然不是专门研究英语的外语教学法，但从理论和实践两个角度对外语教学进行了全面论述，为英语外语教学法研究提供了重要的研究框架，并对后续的教学法研究产生了启发和借鉴作用。

随后，多位英国学者如丹尼尔·琼斯（Daniel Jones）、哈罗德·帕尔默（Harold E.Palmer）、迈克尔·韦斯特（Michael West）、劳伦斯·弗赛特（Lawrence Faucett）、C.E.艾克斯雷（C.E.Eckersley）和A.S.洪比（A.S. Hornby）等人在英语作为外语的教学法研究领域取得了显著成就。他们的工作不仅推动了英语外语教学法的发展，还为这一领域的研究提供了深刻的理论和实践见解，对外语教学法的演进产生了深远的影响。

帕尔默自1922年起全力投入到英语作为外语的教学研究中。他在日本工作了14年（1912—1926年），担任日本教育部的语言教学顾问，并于1923年被任命为日本英语教学研究学院的院长。在这段时间，他编写了《口语语法》（*A Grammar of Spoken English*）和《行动英语学习》（*English Through Actions*）等著作。这些作品凸显了他对教学方法的看法，他被视为集贝利子的直接法、斯威特的应用语言学理论和口语法于一身的大师。同时，韦斯特作为英国驻印度的教育部官员，认为外国人学习英语最需要的是简洁易懂的阅读材料，词汇量应适中。为了实现这一目标,他编写了一系列"新式英语"教材、读本和词典,例如《新式英语词典》(1935年)、《新式英语练习》(三册,1939年)和《西非新式英语教程》(1942年)等。

另一位对英语教学法做出重要贡献的是劳伦斯·弗赛特,他曾在多个国家教授英语,其中包括中国。回国后,他专注于培训对外英语教师。他的主要作品是由牛津大学出版社出版的《牛津英语教程》(1933年),其教学思想主要基于直接教学法。弗赛特在中国进行的英语教学实验以及他根据这些经历编写的《牛津英语教程》对当时中国的英语教学法研究产生了重要的启发和指导作用。这些影响不仅局限于中国,还波及到了其他国家的英语教育领域,包括张士一、林语堂等著名学者都受到了他的启发。可以说,在20世纪上半叶,英语作为外语的教学法研究得以蓬勃发展,这主要受到了当时外语教育的实际需求以及一群充满热情的教师的影响,他们既从事语言教学理论研究,又积极参与实际的教学工作。在这个背景下,各种教学法如语法翻译法、直接法、口语法、情境法、听说法、交际法等相继涌现并逐渐成形。这些教学法的发展在20世纪下半叶达到了巅峰,深刻地影响着全球各国的英语作为外语的教育和研究领域。

当回顾英语教学法研究的历史,我们可以看到在20世纪上半叶,这一领域充满活力,研究蓬勃发展。然而,随着时间推移到了20世纪下半叶,英语教学法研究的道路变得更加曲折,也呈现出更多的多样性。这个时期,心理学和语言学理论研究的激增,使外语教学法研究受到多种跨学科理论的影响,探索出一条更为科学、理性和个性化的道路。

在语言理论方面,诸如布龙菲尔德(Bloomfield)的结构主义理论、乔姆斯基的认知主义理论、伦敦语言学派的弗斯(Firth)的语用学理论、新弗斯学派的韩礼德(Halliday)的功能理论、克拉申(Krashen)的二语输入假说、斯温(Swain)的二语习得输出假说理论,以及罗伯特·拉多(Robert Lado)的对比语言学、科德(Corder)的错误分析理论等,都成为不同教学法流派的主要理论基础。在心理学学习理论方面，华生（Watson）和斯金纳（Skinner）的行为主义理论、皮亚杰（Piaget）的发生认识论、布鲁纳的发现学习法等心理学理论也在一定程度上影响了英语教学法的形成和发展。

在这个时期，以欧美国家的语言学家和教育专家为主要研究力量，他们不仅在本国进行了二语教学法的研究，还涉足海外，包括亚洲国家如日本、中国、印度，以及非洲国家，进行了以英语为外语的教学法实验和探讨。在这种跨学科的语言理论和心理学理论的背景下，将英语作为外语的教学法研究得以不断前进和发展。

第二章 英语专业教学转型发展的哲学理念

在外语教育领域，大学英语作为非英语专业学生的核心课程，从学科性质上讲，属于教育语言学的研究领域。因此，大学英语的理论研究不仅建立在教育学、心理学和第二语言习得等学科之上，还深受哲学思想的影响。

研究大学英语课堂教学模式，要求我们系统而全面地审视和理解教学系统的各个组成部分，并清晰界定这些部分之间的相互关系。根据系统论的原则，教学系统由教师、学生、教学内容和教学媒介这四个基本要素组成，这也被称为教学系统的"四要素"。这些要素之间的相互作用和运动促使教学系统成为更广泛的教育系统的一部分，并在这个复杂的过程中保持各个子系统的动态稳定。

第一节 人本理论

一、人本主义理念下英语课堂教学行为分析

（一）人本主义与师生角色的结合

在人本主义教育理念下的课堂中，教师与学生之间建立的是平等的主体关系。在这种教学环境中，教师的作用不仅限于传授知识，更重要的是关注每位学生的个性和学习需求，尊重他们作为学习主体的独立性。学生则应主动参与课堂活动，与教师共同探索知识，尊重教师的努力，并在这个过程中促进自己的智力和心理健康发展。这种互动充满了人本主义的精神，使得学习过程不仅是知识的获取，也是个

性发展和自我实现的过程。

（二）教师行为与学生认知心理的协调

在人本主义理念下，教师的行为应与大学生的认知心理相协调。大学生处于认知发展的关键阶段，具备独立思考和批判性分析的能力。教师应鼓励学生在这方面的发展，通过提问、讨论和批判性思考的教学方法来促进学生的深度学习。同时，考虑到大学生的情感和心理需求，教师应创建一个支持性和包容性的学习环境，鼓励学生表达自己的观点，并尊重他们的想法和意见。通过这种方式，教师不仅促进了学生的认知发展，还帮助他们建立自信，培养独立性和责任感。

（三）课堂中教师行为与大学英语课程标准理念的一致性

教师的行为应与大学英语课程的教学标准和理念相符。这意味着教师在课堂上应强调学生的主动参与和自我探索，而不仅仅是被动地接受知识。教师应设计各种互动和实践活动，如小组讨论、项目工作、案例研究等，以促进学生对英语语言的深入理解和实际应用。此外，教师还应强调跨文化交际能力的培养，帮助学生理解不同文化背景下的交流方式，以及如何在多元文化环境中有效沟通。这种教学方法不仅符合大学英语课程的标准，而且有助于学生在全球化背景下提高所需的语言技能和增强其文化意识。

二、人本主义下英语课堂教学行为特征分析

人本主义理念下大学英语课堂教学行为的适切性具有以下三个特征：师生关系的和谐性、教学方法的多样性，以及教育评价的全面性。

一是师生关系的和谐性。在大学英语课堂上，这意味着教师与学生之间应相互尊重、理解和信任。教师不仅是知识的传递者，更是学生学习过程中的引导者和支持者。他们应鼓励学生表达自己的观点，

积极参与课堂讨论,并对学生的意见给予充分的关注和尊重。这种和谐的师生关系有助于创造一个积极、开放的学习环境,使学生感到被重视和支持,更愿意参与和投入学习。

二是教学方法的差异性。在人本主义理念下的大学英语教学应采用多样化的教学方法,以满足不同学生的学习需求和风格。这包括但不限于小组合作学习、项目式学习、案例研究、角色扮演等互动式和参与式教学方法。这种方法的多样性允许学生从不同角度和方式探索语言,并鼓励他们主动学习和思考。差异化教学方法能够适应学生的个性差异,提高他们的学习动力和效率。

三是教育评价的全面性和多样性。在人本主义教育理念下,教育评价不应仅仅集中在学习成绩上,而应全面考虑学生的学习过程、参与度、创造力和批判性思维能力等方面。大学英语课程的评价应包括形成性评价和终结性评价,考虑学生的口语表达能力、写作能力、团队协作及解决问题的能力等多个方面。多样化的评价方法有助于全面了解学生的学习效果,帮助学生从不同角度和层面提升自己的英语学习能力。

三、人本主义下英语课堂教学行为影响因素分析

(一)教师影响因素

在人本主义教学理念下的英语课堂中,教师的角色和行为对教学成效及学生的行为模式具有深远的影响。学生的行为并不是孤立产生的,而是在教师的影响和引导下逐渐形成的。正如修斯(Huhges)等研究者指出,教师必须对自己的教学行为进行深入反思,识别那些可能对学生问题行为产生影响的因素,并勇于面对和解决课堂中的问题。提升教师的专业水平,促进其专业化发展,是关键所在。教师因素包括教师的教育观念、知识结构、专业精神和创新能力。

1. 教育观念

教师的教育观念涉及教师对教育相关理念的个人理解,这种

理解通常在教学实践中逐渐形成。这些观念在影响课堂教学行为方面扮演着不可忽视的角色，是驱动课堂教学行为进步的关键因素。尽管教师可能已接受过专业培训并理解课程标准的基本理念，但在实际应用中可能会遇到困难。据调查，多数学校的教师已接受了关于英语课程标准的培训并理解其核心理念，但在实际应用中却遇到困难。

在采访中，一位教师提到："我们都想采用新的教学理念并改进教学方法，但现实情况使这变得困难。毕竟，我们面临繁重的课堂任务和众多学生，很难兼顾一切。此外，我们对一些过于专业的理论知识也不甚了解。"这与艾金（Eykin）20年前的描述高度一致。艾金指出，一线教师通常固守陈旧的教育观念，认为某些专业书籍过于理论化，与实际教学脱节，因此对这些书籍不感兴趣，很少阅读。他们通常在缺乏理论指导的情况下，依赖个人或集体的经验进行教学。教师的这种教育观念直接影响了课堂教学方法的适当性。

2. 知识结构

教师的知识体系包罗万象，包括广泛的理论知识和丰富的实践经验，是构成有效教学的基本要素。这种知识结构不仅涉及教学内容的深度和广度，还包括对教学方法和学生学习方式的了解。当这些知识元素相互交融时，教师的行为才能变得高效且多样化，从而促进课堂教学行为的整体提升。对于英语教师而言，这意味着他们不仅要掌握英语语言的各个方面，如语法、词汇、发音等，还需要了解如何将这些知识有效地传授给学生。这包括采用各种教学策略，比如互动式学习、项目式学习或者基于问题的学习，以增强学生的参与感和学习效果。

此外，教师的知识结构还应包含对教学对象的深入了解。这不仅意味着要认识到每个学生的学习需求和能力，还包括对他们学习态度、家庭背景和潜在课堂问题的理解。例如，有些学生在家中并不使用英语，这可能会影响他们的学习动力和语言习得过程。教师需要鉴别这些因素，并调整教学方法来满足不同学生的需求。同时，教师还需要具备对教育情境的深刻理解。这意味着教师不仅要关注课堂内的教学过程，还要考虑课堂外的因素，如学校文化、家庭影响和社会环境。例如，了解学生的社交媒体使用习惯和网络文化，可以帮助教师更有效地与学生沟通，并将这些现代元素融入教学中。教师知识结构的另一个关键组成部分是对教育理论的理解和应用。这包括了解不同的教学和学习理论，如建构主义、认知心理学和社会文化理论，并根据这些理论来设计和实施课程。通过将理论与实践相结合，教师可以更有效地促进学生的学习和理解。

3．专业精神

教师的专业精神对教育活动的成功至关重要。这不仅是一种职业态度，而且是教师内心信念和价值观的体现。教师的专业精神首先源于对教育活动的深入理解和对教育的热爱。通过反思和实践，教师逐渐形成了自己独特的教育价值观，这些价值观通常围绕着学生的全面发展、终身学习和社会贡献等核心理念。

此外，培养对教育的情感和社会责任感是教师专业精神的重要组成部分。这意味着教师不仅需要传授知识，还要培养下一代成为有能力、有责任感的社会成员。教师的这种责任感促使他们在教学中考虑到学生的长远利益，关注学生的个性化需求，并鼓励学生进行批判性思考和创新。教师的专业精神也体现在他们对教育价值选择的坚持上。在面对教育政策变动、课程改革或学校管理结构调整时，教师的价值观指导他们如何应对这些变化，确保教育质量和学生利益不受影响。他们的这些价值选择通常反映了对教育公平、包容性和创新的坚持。在日常的教学活动中，教师的专业精神通常体现在他们的教学风格、举止和互动方式上。例如，一名具有高度专业精神的教师会在课堂上创造一个开放、相互尊重的学习环境，鼓励学生发表意见，并对学生的不同观点给予积极反馈。他们还会在课程设计和教学方法上不断创新，寻找最适合学生的教学方式。

4．创新能力

教师的创新能力是其专业成长和发展的关键，同时对于激发学生的创新思维和能力至关重要。本研究显示,教学过程中的创新缺失是影响课堂教学适切性的一个重要因素。观察到某些学校的英语课堂普遍采用相同的教学模式,缺乏多样性。教师在制订课堂教学计划时,应考虑不同的教学目标、学生特点和具体的教学环境,运用多样化的教学方法和设计富有创造性的课堂活动。尽管一些教师尝试在课堂上安排小组合作,但由于学生人数众多、课堂时间有限,这些活动往往无法有效实施,导致教师无法提供有效的指导和监督。此外,许多教师仅仅使用教材中的标准电子教案,未考虑授课对象的具体需求,这违背了人本主义理念的要求,导致教学行为的不适切。

(二)学生影响因素

1. 智力水平

学生的智力水平是影响其学习发展的核心因素。它不仅决定了学生的个人能力和整体素质,还构成了学习行为的基础。智力水平高的学生可能更快地理解和吸收新信息,而智力水平较低的学生可能需要更多的时间和辅助来掌握相同的内容。这种差异要求教师在教学中采用不同的策略和方法,以适应不同智力水平的学生。教师需要具备对学生智力水平的准确评估能力,并据此调整教学计划和方法。对于智力水平较低的学生,教师需要采用更加基础和循序渐进的教学方式,以确保他们能够跟上课程的进度。教师还应关注智力水平与学生在其他方面的发展之间的关系,如情感、社交能力和身体发展。了解这些方面的发展情况有助于教师更全面地支持学生的成长,特别是在教授英语这种需要综合技能的学科时。因此,对英语教师而言,理解和适应学生的智力水平不仅是一个挑战,也是提升教学效果的重要途径。这要求教师不断更新自己的教育知识,掌握多种教学方法,并能灵活应用于不同学生的需要。

2. 学习动机

学习动机在学生的学习过程中起着至关重要的作用。它不仅是学习的内在推动力,也是影响学生学习态度、学习成效和学习过程的关键因素。学生的学习动机可以源于对学科的兴趣、对知识的好奇、对成功的渴望或者对成就的追求。这些动机因素不仅推动学生积极学习,也在学习过程中不断被塑造和调整。英语教师需要根据学生的年龄特点和心理发展阶段来设计和调整教学方法,以激发和维持学生的学习动机。在英语教学中,教师可以通过多种方式来提高学生的学习动机。例如,通过设置实际可达的学习目标,让学生体验成功的喜悦;通过引入有趣的教学活动和材料来提高课程的吸引力;通过展示英语学习的实际应用,帮助学生理解学习英语的长远价值;以及通过个性化教学来满足不同学生的学习需求和兴趣。此外,教师还可以通过鼓励学生参与课堂讨论、小组合作和项目学习等活动,以增强他们的参与感和自主学习能力。对于英语教师而言,理解和培养学生的学习动机是提高教学效果的关键。通过采用多样化的教学策略和方法,教师可以激发和维持学生的学习兴趣,从而促进他们的学习动力和学习成效。

3. 学习兴趣

兴趣是学生学习过程中的重要驱动力,它在激发学生学习热情和指导学生学习方面发挥着至关重要的作用。学生的兴趣来源于多种因素,如对特定主题的好奇、对活动的乐趣或对成就的渴望。当兴趣被激发时,它可以转化为强大的学习动机,推动学生更加主动和积极地参与学习过程。在当前的互联网信息时代,多媒体资源的丰富性和互动性对于激发学生的兴趣具有巨大潜力。尤其是对于年轻的学习者,如大学生,多媒体工具如视频、游戏和互动应用程序等可以显著提高英语学习的吸引力。教师可以通过整合这些多媒体资源到教学中,比如使用教育视频来介绍新概念,利用互动软件进行语言练习,或者通过在线游戏来复习和测试学生的知识,从而有效地提升学生的学习兴趣。

此外,教师还可以鼓励学生进行基于兴趣的项目学习,让学生选择他们感兴趣的话题进行深入研究。这种方法不仅能提高学生的参与度，还能帮助他们发展研究和批判性思维技能。

同时，教师应注意到每名学生的独特兴趣和需求，尝试为每位学生提供个性化的学习体验。

四、人本主义理念下英语教学活动内容

（一）以知识灌输转向方法传授：培养学生成为学习的主体

在高校英语教学中，尊重学生的独立性是至关重要的。教学不仅仅是知识的灌输，更重要的是培养学生的独立思考能力。这并不意味着学生在学习过程中完全脱离教师的指导，而是在教师的适当引导下，学生能够主动探索、解决问题，并独立完成学习任务。尊重学生的独立性意味着教师需要创造一个环境，让学生能够自由表达自己的想法和观点。教师可以鼓励学生就英语文章或话题进行小组讨论，让他们自由提出见解，并对他人的观点进行评价。这种方法不仅提升了学生的批判性思维和独立性，也增强了他们的语言表达能力。此外，通过案例研究、项目作业等方式，学生可以在教师的指导下，自主探索问题，发展解决问题的策略。

英语学习应当是一个互动性和参与性极强的过程。我们鼓励学生在教师的指导下，主动学习英语，将学到的知识应用到实际语境中，从而实践和提升他们在语音、语法、词汇理解及听、说、读、写、译等多方面的能力。通过这种方式，学生可以实现有效的语言交际。鼓励学生主动参与意味着教师需要设计吸引学生兴趣的活动和课程。例如，通过角色扮演、模拟面试、辩论会等方式，学生可以在真实或模拟的环境中使用英语。这些活动能够让学生在使用英语的同时，提高其社交、团队合作和公共演讲技能。此外，利用技术，如在线讨论板和协作软件，可以鼓励学生在课堂外继续学习和交流，从而增强他们的自主学习意识和能力。在这个过程中，教师的角色应当从传统的知识传授者转变为引导者和协助者。教师应教授有效的学习方法，让学生通过自主学习来理解和消化课程内容。课堂教学

应更多地鼓励学生的参与和反馈，而非单方面的教师讲授。教师角色的转变要求教师从传统的讲授者转变为导师和协作者。这意味着教师需要更多地聆听学生的声音，理解他们的需求，并据此调整教学计划。例如，通过学生反馈，教师可以调整课程内容和教学速度，确保课程满足学生的学习需求。同时，教师可以通过提供个性化反馈和支持，帮助学生识别和克服学习中的难题，从而提高他们的学习效果。

实践活动对于英语学习尤为重要。教师应安排各种实践活动，如口语练习、听力训练和其他与日常生活相关的实践活动，以确保学生有足够的机会在真实或模拟的环境中使用英语。通过这些活动，学生可以更好地将课堂知识转化为实际应用能力。安排富有成效的实践活动是提高英语学习效果的关键。教师可以设计各种与现实生活紧密结合的实践任务，比如社区访谈、市场调查或者文化交流活动，让学生在实际语境中使用英语。这种实践不仅提高了学生的语言技能，也增进了他们对不同文化的理解和尊重。同时，通过视频制作、播客、微博等现代媒体形式，学生可以创造性地表达自己，同时提升他们的技术能力和创新思维。

重视学生主体性的培养是英语教学的核心。这包括鼓励学生在学习过程中做出自主决策、控制自己的情感、合理安排学习时间，并科学调整学习策略。学生应成为学习过程的主导者，理解自己的学习需求和优势，并据此调整学习方法。培养学生主体性要求教师帮助学生发展自我导向的学习能力。这包括教授学生如何设置学习目标、进行时间管理、有效利用资源等技能。例如，通过学习日志、自我反思报告等工具，学生可以自我评估学习过程，了解自己的进步和面临的挑战。此外，鼓励学生进行同伴评价和小组合作，可以帮助他们学会如何在团队中共同工作，发展批判性思维和解决问题的能力。

最后，教师应根据学生的个性特点和学习习惯，灵活运用各种教学方法。这包括有效地结合课前预习、课堂教学和课后复习，以及家庭作业。通过这种方式，教师可以更好地支持学生的自主学习，提高其自我驱动的学习能力。教学方法的灵活运用是适应不同学生学习需求的关键。教师可以利用多样化的教学策略，如翻转课堂、项目式学习、游戏化学习等，来激发学生的学习兴趣和参与度。例如，翻转课堂模式允许学生在课前通过视频或在线材料进行自学，而课堂时间则用于讨论、实践和深入探究。这种方式不仅提高了学生的主动学习能力，也让教师有更多时间关注学生的个别需求，给予更为个性化的指导。

（二）从人讲解转向共同参与：激发学生内在动力与认知能力

在大学英语教学中，首先需要强调的是激发学生的主动性、独立性和积极性。这要求教师设计课程和活动，鼓励学生深入参与英语学习和实践。例如，通过小组项目、实际情景模拟和创新性任务，学生被引导在实践中积极探索并应用所学知识。这种方法不仅促进了学生对语言的深入理解，还大大增强了他们的应用能力。例如，学生可以参与模拟联合国会议，使用英语讨论国际问题，从而在真实语境中应用语言技能。教学过程应是教师与学生共同参与的互动式活动。学生应被激励主动分析学习内容，并基于他们的动机、兴趣及价值观等内驱力参与学习。这就要求教师在设计课程时充分考虑学生的背景、兴趣和需求，以此激发学生的学习热情。例如，教师可以利用学生对流行文化的兴趣，将英语学习与流行歌曲、电影或电视节目相结合，使学习更加吸引人。

学生的内在动力和认知能力对于提高课堂效率和激发主动学习至关重要。因此，课堂活动和教学材料应设计得能够唤起学生的好奇心和探索欲望，同时培养他们的批判性思维和解决问题的能力。通过案例研究、解决问题的任务和创意写作等活动，学生得以在实践中发展和运用这些技能。例如，学生可以参与真实情境的角色扮演，如在餐厅点餐或在旅行社预订行程，以增强他们的语言应用能力。在这一过程中，教师扮演着至关重要的角色。他们需要有计划地管理课堂，创设一个适合学习的环境，明确教学目标，并预见教学成效。这意味着教师需要根据学生的反馈和学习进度不断调整教学策略，同时确保课程内容的相关性和挑战性。例如，教师可以通过调查问卷或反馈会议了解学生的感受和建议，以便更好地调整教学方法。随着内驱力和认知能力的提升，学生将更积极地参与学习活动。他们应被鼓励提出问题、参与讨论并对学习材料进行批判性分析，这种主动参与不仅增强了他们对语言的理解，也促进了自主学习习惯的形成。例如，学生可以在课堂上主持小型研讨会，分享他们对特定话题的见解和研究成果。

在学习过程中，教师的示范和监督至关重要，以确保学生不只依赖机械记忆。通过展示正确的发音、语法结构和文化背景知识，教师可以帮助学生打下坚实的基础，并指导他们迈向更高层次的思考和应用。例如，教师可以利用多媒体工具展示英语国家的文化特点，使学生更直观地理解语言背后的文化背景。随着知识积累和独立思考能力的增长，学生将能更好地进行自我管理和学习。这意味着学生不仅掌握了语言知识，还能将这些知识应用于解决实际问题中。学生应被鼓励设定自己的学习目标和时间表，并定期评估自己的学习进展。例如，学生可以创建个人学习计划，记录他们的学习活动和成长进步，从而更有针对性地提升自己的语言技能。

教师应鼓励学生将英语学习转化为一种内在驱动的兴趣，这可以通过将学习内容与学生的兴趣和日常生活紧密结合来实现。例如，通过讨论学生感兴趣的话题、阅读相关英文材料或观看英语电影，学生可以在享受学习的同时提高语言能力。这种方法不仅提高了学生的学习动力，还增强了他们对英语的热爱。

其次，强调语言学习的自主性极为重要。教师应激励学生积极参与英语学习，并提供机会让他们在课堂外继续学习和实践。参与英语俱乐部、在线论坛、交换项目等活动，可以帮助学生在实际环境中提升英语能力。例如，学生可以参与国际学生交流项目，与来自不同文化背景的学生交流，这不仅有利于增强他们的语言技能，还拓宽了国际视野。

在大学英语教学中,激发学生的内在动力和认知能力,并结合教师的有效引导和计划,对于促进学生的主动参与和自主学习,提高教学效果和学生综合能力至关重要。这些策略和方法的应用,不仅有助于提高学生的语言技能,还能促使他们成为更加独立和自信的学习者。

(三)从分数需求转向能力训练:注重学生实际交际能力的培养

英语教学的核心在于其社会性属性。作为社会成员,学生通过英语学习不仅是在获取知识,更重要的是学习如何在社会交往中有效地沟通。这种沟通能力不仅包括日常对话,还涉及更广泛的社会参与,如在公共场合发表意见、参与社会活动等。因此,英语教学的主要目标应是使学生能够运用这门语言来建立和维护社会关系。这要求教师的教学理念发生根本变化,从单一追求分数转变为培养学生的实际交际能力。

为了达到这一目标,教师应在课堂内外创造有效的交流与合作机会。这不仅意味着在课堂上使用小组讨论、角色扮演、情景模拟等教学方式,还包括鼓励学生参与学校社团、志愿服务活动等,使他们能在实际社交环境中运用英语。此外,教师可以通过组织校际或社区交流活动,让学生有机会与不同背景的人进行交流,从而提升他们的英语应用能力及社交技巧。在英语教学中,明确的学习目标与学习动力之间存在着紧密的联系。清晰的目标设定不仅有助于提高学生的成绩,更能促进他们的社会化进程和个人能力的全面发展。例如,教师可以帮助学生设定短期和长期的学习目标,如完成特定的项目、参加演讲比赛等。这些目标既具体又有挑战性,能够有效激发学生的学习动力。

学生的主体性发展是一个从初级到高级、从数量增长到质量提升的持续过程。在这一过程中,教师应指导学生逐步提升其英语水平,不仅是在知识量上的增加,更重要的是在交际能力上实现质的飞跃。为此，教师可以设计各种活动，如辩论赛、演讲比赛等，这些活动不仅能增强学生的语言技能，还能培养他们的思辨能力和自信心。在大学阶段，学生展现出更强的自我意识和独立思考能力。这一时期的英语教学应着重关注学生的个性化需求和兴趣，同时鼓励他们积极参与课堂讨论和活动，以提升他们的实际应用能力。例如，教师可以引导学生探索自己感兴趣的话题，如全球化、环境保护等，并将这些话题融入英语学习中，从而增强学生的学习兴趣和参与度。大学英语教师应致力于发掘学生的潜能，并在课堂教学中特别强调实际能力的提升。这包括构建各类实际交际情景，例如模拟商务会谈、社交场合的对话等，以增强学生的实际交际技能。通过这样的实践，学生不仅能提升英语水平，还能提高在真实环境中应对各种情境的能力。

教育的目的应从依赖于教师的知识传递和分数导向，转向激发学生独立和自主学习的热情，以及培养他们的应用能力。在这个过程中，教师的角色需从传统的讲授者，转变为指导者和辅助者，提供必要的资源和支持，从而赋能学生在英语学习的征途中成长为具有自主性的学习者。

五、人本主义理念下高校英语课堂教学发展建议

（一）加强学习与知识积累

教师通过不断学习和积累，不仅可以充实自己的英语知识体系，还能更新传统的教学观念。具体来说包括以下几个方面：

第一，学习语言学和外语教学理论。深入学习语言学和外语教学理论，以掌握语言学理论和外语学习的规律。这为科学的教学设计提供了理论基础，同时丰富了教师的专业知识。

第二，结合外语教育理论与实践。积极阅读最新的外语教育报刊，了解最前沿的外语教学理论，并将这些理论与实际教学相结合。通过这种方式，教师可以将先进的理论内化，转化为自己的知识

财富。

第三，均衡教育心理学与教学实践。学习教育心理学理论，并将其应用于教学实践中。这有助于教师更好地理解学生，为教学活动奠定坚实的理论基础。

第四，观察与分析优秀教师的教学。观察并分析优秀外语教师的教学活动，研究他们的教学策略和知识结构。通过观察和分析，教师可以在自己的教学中灵活应用这些策略，从而提升教学效果。

（二）培养反思总结能力

第一，对课前准备进行反思。在课前，教师应反思所选择的教学对象、内容、目标和方法，以便在未来的课堂上总结经验，丰富理论和实践知识。

第二，对课堂生成内容进行反思。根据课堂的动态性，及时反思教学中与原计划的偏差，并记录这些动态变化，以丰富课堂教学活动。

第三，对课后效果进行反思。对整个课程的设计和实施进行全面反思，归纳总结自身的优点和不足，形成反思习惯，以提高自己的专业水平。

（三）提升研究的深度和广度

第一，深化对大学英语课程标准的研究。对大学英语课程标准进行深入研究是至关重要的。这样的研究可以帮助教师更深刻地理解大学英语课程的教学目标和本质，为准确解读大学英语教材、深入把握教学内容以及有效实施教学行为奠定坚实的理论基础。

第二，关注大学生的认知心理研究。对大学生认知心理的细致研究对于英语教学具有重要意义。通过了解大学生的认知特点，教师可以设计符合学生认知能力和学习风格的教学活动，并提供理论依据，从而增强教学的有效性和针对性。

第三，研究适合大学生的英语教学方法。研究适用于大学生的英语教学方法对于丰富教师的教学理论和实践经验至关重要。通过探索和实践不同的英语教学方法，教师不仅能够为自己的课堂教学提供理论指导，而且能够不断提高自身的教学技巧，激发教学创新，更好地满足大学生的英语学习需求。

（四）推动互动式教学

第一，强化教师与学生间的有效互动。在英语课堂上，教师应重视与学生之间的有效互动。这包括减少仅为形式的互动，更加鼓励学生主动提问和探索，并对学生的主动参与给予及时且积极的反馈。

第二，促进学生与多媒体的有效互动。教师应充分利用互联网时代的资源，将英语教学与多媒体技术紧密结合。这意味着要引导学生在网络环境中自主有效地学习英语，同时构建一个课内课外紧密衔接的教学体系。通过这种方式，教师可以促进学生与多媒体的有效互动，帮助学生完全融入互联网时代，形成自主学习英语的良性循环。

第二节 间性理论

一、间性理论原理

在探讨大学英语教学系统的转型与发展过程中，间性理论的原理发挥了关键作用。这一理论的核心在于深入理解语言的本质：语言不仅是一个简单的沟通工具，更是构建人的主体性以及作为人与世界之间桥梁的重要媒介。在这一理念的指导下，大学英语课程教学系统主要由两个核心主体构成：教师和学生。这种双重主体性强调了教师与学生在教学过程中的互动和共同参与的重要性。在这个系统中，教师的角色超越了传统的知识传授者,转变为引导者和协作者,而学生则从被动的知识接收者转变为积极的学习参与者。这种教与学的相互作用不仅促进了对教学内容的深入理解,而且加强了其实际应用。

从功能语言的角度来看,语言具有概念功能、人际功能和语篇功能,这些功能使得主体间性成为可能。这意味着语言不仅是传递信息的工具,而且在建立人际关系和理解语境中起着至关重要的作用。在大学英语教学中,这种功能性的理解使得语言教学不再局限于语法和词汇的教授,而是拓展到了解和运用语言在不同情境下的表达和交流方式。在语言哲学的领域内,人的主体性在语言的作用下转向主体间性被认为是哲学发展的必然趋势。这种观点揭示了语言不仅是个体用来表达思想和感受的工具,它还是连接不同个体、促进理解和共鸣的桥梁。通过语言,个体不仅能构建自我认识,还能在与他人的互动中发展出更丰富的社会认知。因此,在大学英语教学中,理解语言的这种间性作用至关重要,它不仅影响教学策略的选择,也深刻影响学生的学习过程和学习效果。

(一)媒体间性

媒体间性,或称为媒体相互性,是一个涉及媒体之间信息内容与技术形式的综合、整合、转换与演变的概念。这一理论揭示了所有媒体不仅拥有其独特的个性特征,还共享一些普遍特性,并在这种共性与个体差异性之间架起了一座桥梁。这种理解对于认识不同媒体在教学中的应用至关重要。每种媒体都有其独特的优势和局限,这被称为媒体的剩余与局限。媒体剩余指的是一种媒体所特有的方式,能够补偿其他媒体的不足之处;而媒体局限则是指一种媒体在表达上的局限性,这通常需要借助其他媒体的符号系统来进行补充。

在大学英语教学的转型与发展中,新媒体的应用显著增强了教师与学生之间的互动性。新媒体的多向性和互动性特点为教学与学习过程注入了新的活力,加速了互动性的提升。这些新媒体工具,如社交媒体、在线论坛和互动式学习平台,不仅拓宽了课堂内外的沟通渠道,还为学生提供了多样化的学习资源和表达方式。这种多元化的媒介应用使得教学过程更加生动、互动性更强,为学生提供了更广泛的视角和更深层次的学习体验。例如,社交媒体可以用于组织在线讨论,让学生在非正式环境中分享观点,从而促进学生间的互动和合作学习。在线论坛提供了一个平台,使学生能够在课堂之外继续讨论课堂内容,甚至可以引入外部专家为学生提供额外的见解和指导。互动式学习平台则通过视频、音频和其他多媒体内容,增强了教学材料的吸引力,提高了学生的参与度和学习兴趣。

媒介间性的概念为理解和利用各种媒体在教育中的作用提供了理论基础,特别是在大学英语教学领域。通过充分利用各种媒体的优势,弥补它们的局限性,教师能够创造一个更加丰富、动态和互动的教学环境,从而促进学生的全面发展和深入学习。新媒体的应用不仅增强了教师与学生之间的沟通和互动,还为学生提供了多样化的学习资源和表达方式,使得教学过程更加丰富和多元化。

(二)语言间性

语言间性具体指语言的指称功能、交感功能和意动功能之间出现的错位和不协调。也就是说,它是语用双方主体在沟通过程中客观存在的空间障碍。这种"间性"存在的原因,是语言内在的差异性,以及这种差异性带给语用双方在理解度上的波动性。这种波动同时也是语言系统开放性与封闭性并行的二元性表征,即语义的二元性。此外,语义的弹性特征也为语用双方的沟通提供了可能。

中介语(Inter Ianguage)是第二语言学习者在学习第二语言过程中形成的一种特定语言系统,成为二语习得研究领域中的一个重要概念。中介语的语言系统在语音、词汇、语法、语用等方面与母语和目的语都有区别，但在学习的过程中，中介语是逐渐向目的语的正确语音、词汇、语法、语用等方面靠近的，因此中介语是动态的、不断发展的，它随着学习者学习程度的加深而发生正确的调整，是在母语与目的语之间的过渡性语言系统，成为第二语言习得过程中的必经之路，是语言主体间性的一个重要表现。

此外，在更广阔的国家层面上，中西语言和文化交流的历史，尤其是其中的语言同化与异化现象，进一步支持并补充了语言主体间性理论。这些现象不仅为理解语言的演化过程提供了洞察，还为维持语言文化多样性提供了宝贵的参考。鉴于此，国家层面的语言政策高度重视语言间性和桥梁语言的作用，并认识到这些因素在促进语言和文化交流中的重要性。

（三）文化间性

在英语专业的教育转型与发展背景下，文化间性理论的应用显得尤为关键。该理论着眼于分析文化的流动性及其不断变化的本质，强调文化自始至终都在经历持续的演变过程。通过对文化间性理论的深入研究，我们能够更好地理解和解释文化之间发生的同化和异化现象，这对于深刻把握不同文化之间的相互作用和关系极为重要。

文化间性理论中强调的文化动态性是其核心组成部分。与普遍认知的静态文化观念不同，文化实际上是随着时间的推移而持续发展和演化的。以道家思想为例，它作为中国传统文化的重要组成部分，拥有超过五千年的历史。在这段漫长的时光中，道家思想的含义和影响一直处于变化之中。跨文化的传播和交流使得文化的这种变化过程变得更为复杂和动态，不同文化之间的互动进一步推动了文化的演变和重塑。

文化间性，即跨文化性，代表了间性思维在文化领域的应用。这个概念关注的是不同文化主体间的协作共存、互动交流和意义创造，它是跨文化研究的核心理论之一。简单来说，文化间性体现在两种或多种文化之间的相互融合与交流。这种融合与交流并非简单的文化重叠，而是在深层次上寻求不同文化之间的共性，实现文化的多元发展。德国哲学家哈贝马斯最先将文化间性引入并作为文化哲学的术语。他将构成文化间性的元素界定为不同的文化实体（如文化 A 和文化 B）及其相互间的交互联系。这种交互并非简单的文化并列或融合，而是突出了两种文化在意义上的相互作用和联系。文化间性的形成源于不同文化之间的相互理解和互动过程。每个文化体通过自身视角来审视其他文化，从而加强不同文化的融合。哈贝马斯的理论还强调了理解"差异理论""视域融合"和"他者理论"在文化间性生成过程中的重要性。

文化间性的本质及其产生背后的动因，根植于不同文化体之间的相互理解与互动。在这一过程中，每个文化体都通过自身独特的视角来解读和理解另一文化体，从而创造出由互动激发的全新意义。这种互动不仅涉及表面层次的文化交流，更深入到文化内涵的相互理解与重塑。德国哲学家哈贝马斯在其理论中强调了"差异理论""视域融合"及"他者理论"在文化间性形成过程中的重要性。这些理论提供了一个框架，帮助我们认识到文化间性不仅是不同文化间的简单碰撞，而是一个涉及深层次意义构建和文化价值交换的过程。

巴赫金的"他者"理论进一步解释了"他者"在个体自我意识形成中的作用。在这一理论框架下，不同的文化，如文化 A 和文化 B，被视为彼此的"他者"。在它们的相互交流和互动中，文化意义得以重组和再创造，从而形成了文化间性。这一理论强调文化之间的对话而非单向的独白，强调在文化交流中双方的平等参与和深入理解。

在大学英语教学中，对文化间性的研究和应用对于培养学生的跨文化素养极为关键。通过融入文化间性理论的教学方法，学生能够在学习英语的同时，深入探索和体验与英语目标语言相关的多元文化环境。这不仅有助于学生更全面地理解目语言背后的文化背景，还能增强他们的跨文化交际能力和全球视野。将文化间性理论融入英语教学，鼓励学生在学习语言的同时，理解和体验不同文化之间的交互和融合，从而使他们能够在多元文化环境中更有效地交流和适应。

（四）文本间性

文本间性也叫互文性，是一个确定文本与其他文本之间的一种关系，而这些其他文本一定是这一个确定文本所引用、改写、吸收、拓展或加以改造而成的。

任何文本的创作都以引用、改写、吸收、拓展或改造的方式进行，因此包含着各种可辨认形式的其他文本。文本间性实质上是语篇间性，既包括"跨文本性"（Transtextuality），也包括"文本互涉性"（Interlextuality）。跨文本性描述的是不同特定文本之间的相互联系，而文本互涉性指的是一个特定文本对其他文本产生的影响，这种影响通过记忆、重复和修改实现的扩散作用来体现。

文本间性理论吸收了解构主义、新历史主义、后现代主义等流派的合理因素，被用于文学批评、翻译、语言教学等领域，并在理论阐释上不断创新。例如，有学者根据文学研究提出的"复合间性"理论认为，"复合间性"兼具"文本间性"与"主体间性"的特质，同时又超越了这两种间性的更高的"间性结构"。文学中的"复合间性"由"作者与文本"和"文本与作者"的互动，以及"读者与文本"和"文本与读者"的互动共同构建而成。无论是读者还是作者，均体现了"主体间性"，而文本则被放置在"文本间性"的视域之中。因此，这些元素共同构建的网络状结构形成了一个互动性的对话系统。

二、间性理论在大学英语课程中的重要作用

通过分析大学英语课程的学科属性及其教学系统的四要素，我们认为，主体间性、媒体间性、语言间性、文化间性、文本间性等间性理论视角是探讨和解决大学英语教学问题的重要哲

基础。

将教育技术融入大学英语课程中,这一过程完美地展现了间性理论在现代外语教育领域中的重要性。在这种理论的指导下,大学英语教学系统的复杂结构得到了清晰的解读,尤其是在分析教师、学生、教学内容和教学媒介这四个关键因素之间的动态互动和相互影响方面。这些要素并非孤立存在,而是相互作用、相互联系,构成一个和谐的整体。在这个系统中,教师和学生的互动关系是核心,他们通过教学内容和各种媒介进行互动和交流。信息技术的融入对这些要素及其关系产生了显著影响,极大地提高了系统内部的信息流通和处理效率。这种技术与教育的结合凸显了间性理论在现代外语教育中的关键作用。

在该教学体系中,教学媒介的应用不仅对教学的组织和执行至关重要,还促进了教师与学生之间的相互作用。借助这些媒介,学生能够更有效地掌握知识,提升他们的认知能力。在这个过程中,教师与学生之间的互动至关重要,学生的中心地位在很大程度上依赖于教师的引领和指导。这种以学生为中心、教师为导向的教学方式正是间性理论在教育哲学中的核心概念。

在现代信息技术条件下,师生双方都具备一定的媒体素养,但可能存在不平衡。学生在新技术应用方面可能超越年长的教师,这对教学结构和教师的教学方法产生了影响。这种影响反映了教师与学生之间的互动关系和角色变化,强调了教师在适应新技术和新媒体环境方面的重要性。

在当前信息技术高度发达的背景下,教师和学生在媒体素养方面各有所长,但他们之间往往存在一定程度的不均衡。特别是在新技术的应用上,学生可能在某些方面超过了更有经验的教师,这一现象对教学体系的构成和教师的教学方式产生了显著影响。这一转变不仅揭示了教师与学生之间互动关系的演变,也突出了教师在适应新兴技术和媒体环境方面的紧迫性。

随着现代教学媒体的广泛应用,教学内容已经远远超越了传统的印刷教材，转变成为了一种多维度、互动式的教学资源。这种教学内容的数字化和多样化不仅使得获取教学资源变得更为便捷，还鼓励了教师和学生共同参与到教学资源的创建和发展中。这一趋势极大地丰富了教学材料的内容和形式，为教学方法的创新和多样化提供了广阔的空间。

在这种多元化的教学环境中，教师不再是单向的知识传递者，而是成为引导者和协作者，与学生一起在丰富多彩的教学资源中探索和学习。学生则从被动的知识接收者转变为主动的参与者，他们在教师的指导下，利用各种媒体资源深化对知识的理解。这种教学模式的转变不仅提高了学生的学习动力和参与度，也促进了他们批判性思维和创造性思维的发展。

第三节　主体间性哲学

主体间性哲学在西方现代哲学的发展中发挥了关键作用。胡塞尔、海德格尔、萨特和哈贝马斯等哲学家对此理念进行了广泛的研究和扩展。虽然中国古代哲学早期就出现了主体间性思想，但由于研究的不系统性和缺乏实用性，学术界并未广泛关注。因此，主体间性哲学的研究和理解主要依据西方哲学的观点和结构。

主体间性哲学的基础和演化经历了漫长的发展过程。笛卡尔的主体性哲学思想为这一领域奠定了基础，而胡塞尔则对其进行了进一步的确立和深化。随后，海德格尔、伽达默尔、哈贝马斯和马丁·布伯等哲学家进一步扩展了主体间性的概念，使其在哲学和其他领域中得到广泛的应用和讨论。这些哲学家的贡献不仅增强了主体间性理论的深度，还在多个学科中扩展了其影响和应用范围。

在西方现代哲学界，主体间性理论已成为许多哲学派别共同研究的关键领域。从现象学到解释学、分析哲学、语言哲学以及科学哲学，各个学派都明确提出了主体间性的观点，并在认识论、存在论、社会学、伦理学以及价值论等不同层面进行了深入探讨。这些研究形成了一个多元化且内容丰富的西方现代哲学主体间性理论体系，为理解个体与他者、个体与世界之间的复杂互动关系提供了重要的思想资源和理论基础。

一、主体间性与主体性

主体间性哲学的根源可追溯至人类社会的初始时期，源于人与人之间互动的不可避免性。该理论认为，主体性和主体间性是互相依存的，就像连体婴儿一样，密切相关且不可分离。自人类早期历史以来，任何人际互动都难以脱离这两个概念的影响。然而，由于长期以来主体性思维模式的主导，加之剥削制度和统治结构的限制，社会对主体间性重要性的认识一直受限，导致这一概念未能得到充分的重视。

19世纪资本主义经济危机的爆发促使哲学家们开始反思社会矛盾和深层问题，他们意识到经济增长和物质繁荣并不能完全解决人类精神上的匮乏。这一时期的哲学家开始聚焦于社会新问题的探讨，从而引发了对主体间性理论的深入研究。1913年，胡塞尔首次提出了"主体间性理论"，标志着人们开始意识到自身作为平等主体的价值。继胡塞尔之后，海德格尔、萨特、哈贝马斯等哲学家进一步研究并深化了这一理论，分析了主体性与主体间性的不同及其联系。19世纪末至20世纪初，西方哲学界的焦点逐渐转向现代语言哲学，这一转变标志着哲学从主体性向主体间性的演进。"间"（inter）的概念象征着"在……之间"，从存在论的视角看，这表明所有存在的事物都是在相互作用和影响中才能生存和发展。

"间性"这一术语最初诞生于生物学领域，并因其在神经心理学和认知科学领域的研究成果而受到广泛重视。随后,这一概念扩展到哲学、美学、文学、艺术和教育等多个领域,逐渐形成了新的理论共识。间性主要描述一种普遍的关系或连接性,作为一个综合性理论,它将主体间性(Intersubjectivity)、语言间性(Interlanguage)、文本间性(Intertextuality)、文化间性(Interculturality)及媒介间性(Intermediality)等多个理论观点纳入其中。间性理论着重强调事物之间的相互渗透和融合,其核心哲学基础在于主体间的相互联系。

  间性理论起源于生物学领域,随后逐步在神经心理学和认知科学等学科中获得重视。随着时间的推移,这个概念拓展到哲学、美学、文学、艺术和教育等多个领域,逐渐成为一个广泛接受的新理论观点。这些理论观点着重强调了不同事物之间的互相交融和融合,以主体间性为其哲学核心,凸显了"相互融合"的深刻意义。

  在主体性与主体间性之间的相互关系中,主体性是主体间性理论的基石。主体性不仅体现为个体的自我意识,还包括人在伦理和社会关系等方面的本质和本体特征。没有个体的存在和主体性的确立,就不能讨论主体间性。主体性涉及个体层面,而主体间性则关注个体间的相互关系,两者相互依赖,共同构成了理解人际关系和个体发展的基本框架。

  主体间性反映了个体之间关系的展现方式,代表了主体性在和谐共存意义层面的表现。这个概念的提出挑战了人们以往以自我为中心的观念,促使人们更加注重彼此间的和谐共存。主体间性为主体性的完整意义提供了必要的条件。主体性的形成必须基于人的行为、能力、需求和理想等内在本质属性,并且这些属性与共同的生活世界和主体间的相互作用及关系密切相关。因此,主体间性理论突出了个体特质和发展不仅仅源自个体内部,而是与外部环境和他者的互动紧密相连,为理解主体间和谐共存的理论框架提供了关键视角。

二、主体间性与交往

主体间性和交往是理论研究中经常被讨论的两个概念。它们虽然有时会被混淆,但实际上具有明显的区别和联系。主体间性是一种更广泛的关系范畴,它基于不同主体的共存而产生的各种实际或潜在关系。这些关系的内涵不必然具有直接的现实性品格,而可能涵盖精神、知识、价值和生存理想等多个维度。与此相对,交往则是一个活动性和实践范畴,它指向具有直接现实性品格的主体间互动,包括实际发生的互动行为。

主体间性的概念不仅包括实际存在的关系,还扩展到可能世界和可能生活中的潜在关系。这些关系可能是多维的,涉及人的心灵、认知、价值观和生存目标。因此,在内涵上,主体间性比交往更为广泛和复杂。相比之下,交往则具有更强的具体性和现实性。它形成的联系是生活中的实际联系,构成的世界是具体的生活世界。交往实践关系是理解主体间性的基础,体现了人们在日常生活中的具体互动和关联。

这两个概念之间的联系是显而易见的。所有主体间性的现实和可能关系都必须建立在基本的交往和实践关系之上。交往是主体间性在现实世界中的实践化、具体化。它展示了主体间性在特定时空背景下的表现形式,即主体间性理论在实际生活中的具体体现。在哲学层面上,主体作为生活、交往和文化共同体的一部分,其认识和理解基于生活世界中的误解、障碍、差异和冲突。人们在寻求知识的过程中,不仅要面对个体性、多元性、主观性和相对性的挑战,还需理解其价值关系源于具体生活实践中的需求。

总而言之,主体间性和交往虽然有区别,但具有密切的联系,共同构成人类社会关系和互动的复杂网络。主体间性提供了深入理解人与人、人与社会之间深层次联系的理论基础,而交往则是这些理论在现实生活中的具体体现。通过这两个概念,我们能够更全面地理解人类社会的复杂性和互动的多样性。

三、主体间性与他者

在哲学的理论中,主体间性理论与他者理论紧密相扣,它们在某种程度上被视作是互补的理论。这两种理论虽在本质上表现出一种理论的合一性,但在哲学的不同范畴中,它们各自聚焦于独特的领域。主体间性理论与他者理论虽在逻辑上相互贯通,但二者并非同一概念。

主体间性聚焦于多个主体之间的相互作用和联系,属于关系的范畴。而他者的概念则定位于存在的范畴,强调与自我不同的独立实体。他者的概念揭示了个体的界限和独特性,同时强调了个体性和独立性的重要性。他者不仅是个体特性的象征,同时也在存在论上阐明了人与人之间多样且复杂的联系。主体间性的存在和研究的前提是建立在他者的存在基础之上的。缺乏他者的存在,主体间性便失去了其存在的基础和意义。因此,对主体间性的探讨必须以认识他者的存在及其与他者的关系为基础。在文化哲学和社会哲学领域,他者经常被理解为边缘化的、弱势的群体,特别是在后现代哲学的讨论中。然而,他者的概念并不局限于弱势群体,而是涵盖了所有不同于自我主体的其他实体。从存在的方式来看,个体与他人之间的关系呈现出多元化和复杂性。

主体间性和他者理论在哲学领域中相互补充,共同构成了理解个体之间互动和独立性的重要框架。这两种理论不仅在哲学研究中展示了个体间的互动和相互作用,也揭示了个体的独立性和多样性,为深入理解人际关系和社会结构提供了重要的理论支持和视角。

四、主体间性与客观性

在哲学的探索中,主体间性和客观性的理论占据了至关重要的地位。它们虽然相互关联,但各自具有独特的特征。在认识论中,客观性作为核心概念，关注的是主体对客观世界的认识与客体实际情况的一致性。这个概念并非与主观性完全分离，而是在主观性的基础上形成的。客观性实际上是主观性的一个显著特征，反映了主体对事物本质和相互关系的真实理解。知识的客观性超越了单个个体的层面，具有跨个人、跨地域、跨国家甚至跨民族的普遍特性，展现了人类知识的普适性。知识的客观性在于其在主体之间的普遍有效性，这意味着其适用性不限于个别主体，而是普遍适用于所有认知主体。

康德在理解主体间性方面特别强调知识的客观性，认为知识的客观性体现在其有效性和必然性上。康德的这一解读为主体间性理论提供了深刻的见解。主体间性在认识论中不仅仅是一个普遍性的要求，其内涵更加广泛和深入，包括主体间存在论的联系以及历史和社会关系。主体间性理论着重强调了主体和客体的共存状态和平等性，专注于探讨主体间的对话、融合和动态互动过程。

在当代哲学的发展脉络中，胡塞尔引领的现象学运动对于主体间性理论的发展发挥了核心作用。该理论超越了现象学的初始框架，拓展到解释学、社会交往理论、生存论等众多哲学分支。尽管主体间性理论在某些领域显示出局限，但它为多学科研究提供了坚实的理论基础，并在跨学科领域中显示出其独特价值和广泛应用。该理论已成为美学、文学、文化学和社会学等学科的关键支撑。它为研究人员探究艺术、文学、文化和社会结构提供了新的视角。尤其在外语教育领域，主体间性理论为理解语言学习过程中的多元互动性质，如媒体间性、语言间性、文化间性以及文本间性，提供了深入的见解，并对外语教育的方法和策略提出了创新性建议。

主体间性和客观性理论在哲学层面上密切相关，但各有各的应用范围。客观性理论侧重于知识的普适性和真实性，而主体间性理论则专注于个体间的相互作用和联系。这两种理论相互补充，为解读人类个体与社会复杂关系奠定了坚实的理论基础。它们共同构成了当代哲学研究的关键领域，并对理解人类的思维结构、社会互动以及文化进程有着深远的影响。

主体间性理论着重强调个体之间的相互依存和交流，这种视角使我们能够深入理解个体的社会属性和共同体意义。它为分析个体如何通过互动塑造自身认知和价值观提供了框架，并展示了个体与社会如何相互作用和塑造。因此，这一理论在哲学、社会科学、人类学和文化研究等领域展现了其独特的价值和潜力。通过对这些理论的研究和实践应用，我们得以全面理解人类社会的复杂性以及个体在社会结构中的地位和作用，并为外语教育等领域的研究提供了新的视角。

第四节　间性哲学理论指导下的英语课堂教学原则

深入了解这些哲学理论之后，我们可以明显看出，间性理论在推动大学英语教学改革与研究方面起到了至关重要的方法论作用，并且发挥了重要的指导性影响。间性理论的应用不仅在理论上具有独特的意义，而且在实际指导上具有针对性。研究主体间性有助于师生更新对教学和学习的看法，促进教师与学生、学生与学生之间的互动，并且对学生的个人成长有着显著的影响。

媒体间性的研究对于融合不同媒体、提升媒体的创新与协作效果尤为重要。这为大学英语教学与多媒体技术的深度融合提供了理论支持，有助于提高多媒体和多模态教学的效果。在语篇层面，文本间性的研究为语言学习提供了关键视角，尤其在文学作品的欣赏、话语分析、翻译研究等领域发挥着重要作用。同时，文化间性的研究强调了外语教学的跨文化特征，有助于构建一种新型的大学英语教学文化，从而培养学生的跨文化素养。这些理论的应用不仅丰富了教学内容和方法，也为学生提供了更加广阔的认知视野和深层的文化理解，从而使他们能够更好地适应全球化的语言环境。总体来说，间性理论在当代大学英语教学领域中的应用展现了其独特的价值和广泛的影响力。

一、基于主体间性的交互性教学原则

坚持主体间性的语言观和外语教学观，有助于还原外语教学的本真特点。主体间性所提供的新哲学范式和方法论原则，将对外语教学的目的、过程和师生关系等产生积极而深远的影响。基于主体间性的交互性教学原则在外语教学领域具有革命性的影响力，它不仅改变了传统的教学观念，还引领了教学目标、方法和师生关系的全面更新。这种教学模式强调教师与学生之间的共同参与和互动，促使教师从传统的"知识传递者"转变为"学习的促进者"和"思维的激发者"。这种教学模式的核心在于将教师和学生视为教学过程中的共同主体，他们共同参与教育内容的探索和资源的开发。

在实际应用中，大学英语课堂普遍采用"教师主导、学生为中心"这一模式，体现了主体间性理念。该模式着重强调师生之间的互动与交流，并在文化互动中推崇和谐、平等、相互尊重的价值观念。这不仅为学习环境注入了活力，还激发了学生的内在动力和创造性思维。主体间性理念的关键是教学过程应协调师生互动与学习者的个性化需求。这样的教学过程不仅是知识的传递，更是学生个性发展和自主学习能力提升的关键阶段。在这个过程中，师生间的合作应建立在平等、自由、相互理解和密切合作的基础上，以促进学生的全面发展。

教师在这一模式中承担了重要的角色。他们不再仅仅是知识的传递者，而是转变为学生学习过程中的引导者和激励者。教师需要根据学生的个性化需求和特点调整教学策略，采用更加灵活和创新的教学方法来激发学生的学习兴趣和思维能力。同时，学生在这种教学环境中，被鼓励成为更加积极主动的学习者。他们不仅需要吸收知识，还要参与到知识的创造和重构中去。通过小组讨论、项目合作和案例研究等互动式学习活动，学生能够从不同的视角理解和应用知识，同时也培养了团队合作和社会交往能力。

教学内容方面，主体间性理论强调教师与学生应共同参与知识的构建和探索，使学习过程成为一种相互作用和共同创造的经历。这种方法不仅提升了学习的效率和深度，还帮助学生深化对知识的理解和应用。进一步而言，这种教学模式要求教师放弃传统的"知识灌输者"角色，转而成为学生学习过程的促进者和合作伙伴。教师应在课堂上创设包容和鼓励性的学习环境，使学生能够自由地表达观点、探索想法，并能够接受同伴和教师的反馈。同样，学生在这种教学模式下被鼓励承担更多的责任和主动性。他们不仅是学习的接受者，也是知识的探索者和创造者，能够从不同的视角理解和应用知识，同时也培养了团队合作和社会交往能力。这要求学生发展独立思考的能力，探索多种学习方法和策略，以适应不断变化的学习环境。

此外，主体间性教学原则还强调教育技术和资源的有效利用。在这个数字时代，教育技术和资源为创新的教学方法提供了无限可能。教师能够利用各种在线平台和工具，如虚拟教室、协作软件和互动论坛等，为学生创造一个更加动态和多元的学习环境。学生可以通过这些平台访问大量资源、进行在线讨论和协作，从而使学习变得更加灵活和个性化。在评估和反馈方面，基于主体间性的教学原则也鼓励采用多样化的评价方法。这包括自我评价、同伴评价和教师评价，不仅关注学术成就，还关注学生的创新能力、批判性思维和团队协作等软技能的发展。

二、基于媒体间性的英语课堂教学原则

基于媒体间性的英语课堂教学原则代表了对传统教学模式的重大创新。在新媒介时代，这一原则充分利用了媒介融合的优势，为英语

教学注入了新的活力和多样性。媒体间性的概念融合了多媒体的整合与协作，涵盖了多模态的交流方式，以及媒体元素间的相互融合和依赖，这些特点在现代教学实践中得到了广泛应用。

媒体间性概念涵盖了三个重要方面：首先，它涉及不同媒介资源的整合和协同作用，这在多媒体应用中尤为显著。其次，媒体间性包含了采用多种表达方式进行沟通的实践，这体现在多模态交流中。最后，媒体间性强调了不同媒介之间的互动和相互依存关系。在多媒体和多模态应用方面，媒体间性特别强调了视觉、听觉、触觉媒介的结合，创造出更加丰富和动态的学习体验。多模态交流利用文字、图像、声音等多种沟通模式，增强了信息传达的效力和学生的理解深度。超文本性的应用在教学中带来了革命性的变化，它改变了对传统阅读能力的理解，推动了教学理念、手段和方法的创新。超文本性的特点使得教学内容变得更加互动和吸引人，帮助学生建立起更加复杂和个性化的知识体系。

新媒介技术的运用创造了一种泛在学习环境，为学生提供了随时随地学习的机会。这种立体化、数字化的学习环境使学生能够在更加丰富和多元的学习生态中自由探索和成长。现代教学系统的复杂性和多变性为英语的教学改革开辟了广阔的空间。教学系统中的各个组成部分，包括技术元素，使得教学过程变得更加多元和灵活。师生及学生间的有效交流在媒介性的教学模式中扮演着重要角色。这种交流不仅包括课堂内外的直接和间接对话，如体态语言、眼神交流，还包括基于网络的虚拟交流。这些多元化的交流方式不仅加深了学生对教学内容的理解，而且培养了他们的独立思考能力和团队协作精神。计算机网络技术的广泛应用为大学英语教学开辟了新的道路。基于网络的教学活动扩展了教学内容的边界，促进了学生的个性化学习和团队合作能力的发展，为外语教学领域带来了创新和变革。

新媒介技术在大学英语教学中产生了深远的多维度影响，引发了教学方式和学习模式的根本变革。这种影响贯穿于教学和学习的各个环节。面对这样的变革，教师们需要不断更新自己的教学方法，积极融入多媒体和多模态的教学手段，同时也要警惕过度强调技术的角色。在新媒介时代，教学设计容易过分集中于技术的应用，而忽视了以学习者为核心的教学理念。以技术为中心的教学设计重在探索技术的潜能，将其作为教学的工具；而以学习者为中心的设计则侧重于理解大脑的学习机制，将技术视为辅助学习的手段。

多媒体学习的认知理论基于工作记忆和长时记忆等认知科学的研究成果，提出了双通道加工、能力有限性和主动加工等几个关键假设。这些假设认为，人们对语言和视觉信息的处理是分开的，且一次只能处理有限的声音或图像信息。有效的学习依赖于学习者对信息的积极选择、组织和整合。这些认知过程对于理解多媒体在教学中的作用至关重要。在基于多媒体学习的认知理论的教学设计框架中，有几个关键原则需要遵循：首先，教学设计应聚焦于消除与学习目标不相关的认知活动，通过实施连贯性、重点突出、避免冗余、保持空间和时间上的一致性等策略。其次，为了有效地管理学习材料的呈现及其内在的复杂性，分段、预习和模态协调等原则应被采纳，以优化学生的心理处理过程。最后，多媒体和个性化的原则应被应用于促进深层次的认知加工，如组织和整合信息，从而激发学生的产出型认知活动。这些原则在多模态英语教学中起着至关重要的指导作用。

在现代教学实践中，利用各种设备激活多重感官体验不仅是数字媒体的一大特点，而且体现了交互性和跨文化教学原则的有效应用。多模态的教学方法极大地丰富了外语教学的资源库，开拓了意义表达的新途径，并推动了教师角色的多样化以及教学资源的数字化转型。随着信息技术的快速发展，学生们得以通过多种多媒体设施进行学习，如校内多媒体实验室、语音实验室、校园内网、互联网咖啡馆、智能手机、平板电脑等，这些设施共同构建了一个立体且数字化的学习环境。教师们也需要不断更新自身的教学方法和研究途径，以适应这一多媒体和多模态教学的新趋势。

在经济全球化、信息化交流和文化多元化的背景下，学生需要学习如何有效地进行多模态交流，利用多媒体收集和分析信息，并通过各种文体和模态进行数字化学习和交流。

因此，大学英语教学面临向数字化和多模态化转型的需求，以适应现代社会的要求。教育者需要探索和实施新的教学方法和技术，以满足学生在快速变化的世界中有效沟通和学习的需求。这种转型不仅涉及技术的运用，更关乎教育理念和方法的创新，以确保学生能够在数字时代有效地学习和交流。

三、基于文化间性的跨文化教学原则

在全球经济一体化、信息化交流、文化多样性及语言多样性的现代背景下，外语教育政策成为国家语言战略的核心部分。自20世纪80年代起，大学英语教育在中国高等教育体系中扮演着越来越重要的角色，这体现了国家在转型和发展过程中的持续性和稳定性。

在跨文化交流的背景下，文化间性的概念强调了不同文化之间的共存、相互理解和意义的构建。这一概念的特点在于，它不仅基于语言，而且延伸到了语言可见界限之外。因此，在大学英语教学过程中，教学理念、方式和方法的构建应该立足于主体间性的基础，并将文化间性的理念融入教学之中。此外，在媒体间性的指导下，应当利用媒体创新来促进文化交流、信息传播以及多元文化资源的开发和利用。以数字化移动通信工具在大学生中的普及为例，曾经在课堂上被限制使用的手机，如今通过微博、微信等新媒体平台，在课堂交流和互动中发挥着关键作用。这一变化标志着手机作为媒介的角色已经从单纯的通信工具转变为有效的教学互动工具。在这个过程中，手机的媒介内涵被重新定义，不仅成为新的信息传递和交流渠道，还改变了教师的教学观念和方法，促进了基于互动的学习文化的形成。

跨文化性是大学英语课程教学的本质属性，不仅体现在课程设置、教学规划、组织及教学资源的建设上，也体现在学生的学习内

容、交流方式和社团活动中。跨文化性既反映了学校的文化特色,也展示了教师的跨文化素养和教学水平,并且对于培养学生的跨文化交际意识至关重要。

四、基于语言间性的外语教学原则

大学英语课程的特性和大学英语教学研究的学科属性要求,除了遵循交互性、多模态和跨文化教学原则之外,大学英语教学还必须遵循基于第二语言习得理论的基本外语教学原则。这些原则包括重视中介语的作用和母语迁移现象。

中介语是学习者在学习过程中发展的一种独特的语言系统,它结合了目标语言的特征和母语的影响。在教学过程中,教师应认识到中介语的存在,理解其在语言学习过程中的作用,并利用它作为构建学生语言能力的桥梁。通过对中介语的研究和理解,教师可以更有效地指导学生从现有的语言能力过渡到更高级的语言水平。同时,母语迁移是指学习者在学习第二语言时,母语知识和习惯对第二语言学习产生的影响。在大学英语教学中,教师应认识到母语迁移的重要性,并将其作为教学策略的一部分,积极利用母语迁移中的积极作用,如借助学生母语中的类似结构来解释目标语言的复杂概念,同时也要注意纠正母语迁移可能导致的错误或误解。

大学英语教学应基于语言间性原则,结合交互性、多模态、跨文化和基于第二语言习得理论的教学原则,以促进学生在理解和运用目标语言方面的全面发展。这种综合性的方法不仅强调技术、文化和语言学的多元性,也提倡教师和学生之间的有效互动,确保教学方法与学生的学习需求和背景相匹配。

五、基于间性整合的教育生态学原则

随着计算机与传统课堂相结合的大学英语教学方式变得越来越

普遍，仅仅依赖建构主义理论已经不足以全面解释信息技术在外语教学中所发挥的复杂功能。例如，在运用信息技术进行外语教学的过程中，可能会遇到技术故障，此时信息技术无法发挥其作用，而建构主义无法对此提供合适的解释。因此，我们需要寻求更为合适的理论基础来支持信息技术与外语教学的有效整合，而教育生态学便是这样一个理论选择。

教育生态学（Educational Ecology）是教育学与生态学相互融合的产物，它运用生态学的诸多原理，比如生态系统、生态平衡和协同进化等，来研究教育现象及其成因，以此掌握教育发展的规律并预测未来趋势。教育生态学专注于探究教育与外部环境之间的密切联系，以及教育系统内部不同环节之间的联系，主要涵盖了迁移与潜移规律、平衡与失调规律、竞争与协同进化等。

将生态学原理和方法应用于大学英语教学和研究中，对于构建一个真实且充满活力的课堂环境具有重要意义。课堂本身是一个生态系统，包括教师、学生、教学活动和环境等多个组成部分。从主体间性的视角来看，课堂中的各个组成部分之间以及与环境之间的相互作用，共同构成了一个有机的整体。这样的生态化课堂具有整体性、协变性和共生性等特点，并展现出文化滋养、环境参照、动力促进和制度规范等多样功能。有效的大学英语课堂教学应综合应用主体间性、媒体间性、文化间性和语言间性等多种认识论和方法论，以增强课堂的生态效果。

理想的大学英语教学应是一种生态化的教学模式，这要求综合运用间性理论、教育生态学和建构主义学习理论，遵循交互性、多模态、跨文化及第二语言习得的基本教学原则。这样的教学模式应全面整合并协调多媒体网络与大学英语教学的各个要素，维持生态平衡，积极推进教学改革，以最大化发挥多媒体网络环境下大学英语教学的效能。

数字化学习(E-Learning)、泛在学习(U-Learning）等模式为大学英语课堂教学注入了新的活力，为师生开展各类以语言输出为驱动的、真实的、有意义的教学活动提供了优良的技术条件，有助于开展有效的生态化课堂教学。同时，在网络教学条件下，学生可以通过情境学习 (Situated Learning)，培养语言交际能力（Language Communication Ability) 和思辨能力 (Critical Thinking Ability)，从而更好地适应未来的生活和工作需求。

第三章　英语专业教学转型发展的教育学理念

外语教学的实际操作和实践活动已经多次证明，语言教育远超出单纯的语言学习范畴，实际上形成了一个跨学科的复杂体系。这一教育体系不仅聚焦于语言这一核心元素，还与教育学、心理学、社会学等众多学科紧密相连，涉及教材编制、教师资质、学生特性、教学目标及组织管理等多个方面。因此，将外语教育简单归类为应用语言学的一个分支显然不足以全面涵盖其丰富内涵，它更应该被视为教育学领域中的一个重要部分。

外语教育在教育学的广阔视野下，以及与各学科教学方法的融合中，展现出其独特的地位和价值。这个领域的核心不仅限于语言知识的传授，更关键的是在教育实践中对语言的运用及其作用的发挥。这种全面的视角催生了教育语言学这一独立学科领域，其核心价值在于将语言学的理论知识与教育学的实际操作相结合。教育语言学着重探讨语言在教学过程中的实际应用和影响，为外语教学提供了科学和系统的理论支持，同时为教学实践提供了实用的指导。这一跨学科的整合不仅丰富了外语教育的理论基础，也为教师和学生在多元文化背景下的有效交流和互动提供了坚实的理论框架。通过教育语言学的理论角度探究大学英语教育和教学，无疑在理论和实践层面都显得更加合适和合理。考虑到外语教学的教育语言学属性，我们的研究主要侧重于从教育学的领域寻找大学英语教学的理论支撑，尤其是教育学、心理学、课程与教学论等领域，以及与教育学相结合的跨学科理论，例如教育心理学、教育生态学和外语教育技术学等。

第一节　课程与教学论

课程与教学论在大学英语教学研究与实践中的作用和地位毋庸置疑。本书不对课程与教学论这一庞大系统进行全面的探讨，而是从大学英语课程教学的实际出发，简要讨论内容依托教学法（Content-Based Instruction，CBI）、多元识读教学法及教学设计理论。

一、CBI 理论

CBI 理论，即内容依托教学法的理念，最初诞生于 1965 年的加拿大蒙特利尔，源自一项具有开创性的沉浸式语言学习计划。这种新颖的教学方法标志着对传统语言教学模式的根本革新。CBI 的核心思想在于将学科专业内容与外语教学的目标紧密结合，以此双管齐下的方式，不仅传授给学生丰富的学科知识，同时也锻炼其外语技能。这一方法为中国高等教育中的外语教学注入了新鲜的活力，并提供了独特的视角。

在 CBI 的实践过程中，与传统的"先输入再输出"模式相比，有了明显的转变。CBI 通过各种实践活动，激励学生在掌握课程内容的同时，大量且有效地使用目标语言。这种方式促成了一种语言学习的良性循环：输入、吸收、输出三者相辅相成，形成了一种更为动态且互动的学习模式。CBI 的教学理念着重于内容导向，以实际内容话题作为教学的主框架。这种方法与传统偏重于语法规则和词汇表的教学方式截然不同。它通过将语言学习与学科知识相结合，不仅使学生的学科知识水平得到提升，而且在此过程中自然而然地增强了他们的语言能力。此外，CBI 通过提供动力和构建认知基础，使得语言学习成为了一种与学科内容学习相互融合的有效交流方式。

  CBI 的教学实践获得了诸多理论的支持，包括交际功能理论、图式理论、第二语言习得理论、认知学习理论和建构主义学习理论。这些理论的支持为 CBI 的有效性和实用性奠定了坚实的理论基础。CBI 的教学原则强调以学科知识为中心，采用真实的教学材料，并且针对不同学生群体的特定需求进行适应性调整。此外，CBI 提倡多样化的教学模式，如主题模式、课程模式、辅助模式和沉浸模式等，教师可根据教学的具体环境、层次、对象和目的，灵活选择或混合使用这些模式。

  研究与实践表明，CBI 的教学观具有以下五个显著的特征。

  第一，真实的教学材料。CBI 强调在教学过程中使用真实的教学材料。这些材料紧贴学生的日常生活和专业领域，增强了学习的相关性和实用性。通过接触真实场景中的语言使用，学生能够更好地理解语言在实际交流中的运用，从而提高他们对语言的综合应用能力。

  第二，在 CBI 的教学观中，专业内容与外语教学不再是独立的两个部分，而是紧密结合的。这种融合方式使学生在学习专业知识的同时，自然而然地提升语言技能，实现双重学习目标的同步达成。

  第三，突出体验式小组学习和研究性学习。以输出为驱动的 CBI 教学模式不以学生出色完成任务为目标，而是强调学生积极学习教师提供的真实学习材料。在输出任务的驱动下，学生主动寻找新的信息和材料，在教师的协助下，最终完成任务并展示学习成果。这样的研究性学习体验在传统的大学英语课堂中是难以实现的。

  第四，内容学习、语言训练、应用及思维培养全面融合，相得益彰。CBI 将内容学习、语言训练、应用以及思维培养紧密结合在一起。这种综合方法不仅提高了学习效率，还促进了学生在多个层面的综合素质提升。内容学习丰富了学生的知识储备，语言训练提升了他们的交际能力，而思维培养则锻炼了他们的分析能力和创新思维。

  第五，教师身份的根本转变。在CBI模式下，教师的角色经历了深刻的转变，从传统的知识传授者变为学习的引导者和促进者。他们通过设计各种互动和实用的活动，如项目式学习、案例研究和角色扮演等，不仅传递知识，更重视培养学生的批判性思维和问题解决能力。教师采用多元化的教学手段，包括多媒体教学、小组讨论和实地考察，使学习过程生动、实际，同时促进学生提问、分享观点，并在学习中互助合作。这种教学方法促使学生主动参与和自我引导，使他们成为学习过程的主导者，不仅提高了对知识的理解和应用，还培养了自主学习和终身学习的能力，对个人成长和职业发展具有重要意义。

  根据中共中央、国务院印发的《国家中长期教育改革和发展规划纲要（2010—2020年）》（2010年）的政策指导，中国的大学英语教学致力于培养具备国际视野和熟悉国际规则的国际化人才。这场教育改革的核心目标是紧密结合国家的经济与社会发展需求，通过优化教学内容和方法，更好地服务于学生的专业成长和综合素质提升。特别值得强调的是，提升学生的学术英语交流能力、加强国际交往能力以及跨文化沟通技巧成为了教学改革的重要内容。这不仅包括传统的语言技能训练，还包括对国际事务的理解以及对全球化背景下跨文化互动的适应能力的培养。通过这些综合性的教育措施，大学英语教学旨在培育出能够在国际舞台上自信交流、有效协作的未来专业人才。此外，这一改革还着眼于将英语教学与专业学科教育相融合，通过跨学科的课程设置和实践活动，提高学生的实际应用能力和创新思维。这样的教育模式不仅提升了学生的语言能力，也为他们未来在全球化环境中的职业发展奠定了坚实的基础。

  近年来，在中国教育语言学研究会、上海市大学英语教学指导委员会等多个学术会议中，大学英语教学改革被确定为核心议题，吸引了广泛的关注和讨论。这些会议不仅是学术交流的平台，也是推动教学创新的重要阵地。在会议上，专家学者们集中讨论了如何通过英语教学改革更好地服务于专业人才的培养。会议内容涵盖了多个关键领域，包括教学方法的改革、学术英语教学的优化、学生能力的全面培养、创新教学模式的探索以及师资队伍的发展。其中，学术英语教学的优化被看作是连接专业知识和实际应用的桥梁，而创新教学模式的探索则着重于提升学生的实际操作能力和创新思维。此外，会议还强调了师资队伍发展的重要性。为了实现教学改革的目标，教师们需要不断提升自己的专业水平和教学方法，以更好地适应教育国际化的趋势。这包括参与国际交流、掌握最新的教育技术和方法，以及提高对学生个性化需求的敏感性。

在中国大学英语教学的变革过程中，教学内容和课程体系的改革占据了核心地位。这一改革主要以内容依托教学法为指导思想，广泛应用于教材编写和教学实践中。CBI 理念的核心在于将专业内容与英语语言学习紧密相连，通过这种方式，学生在学习专业知识的同时，也能够提高他们的英语应用能力。课程体系的构建旨在全面提升学生的英语水平，包括基础阶段的核心课程和提高阶段的语言提高课程、专业英语（English for Specific Purposes，ESP）课程。这样的结构不仅确保了学生在英语基础上的坚实掌握，而且通过 ESP 课程，强化了学生将英语应用于专业领域的能力。这种课程设置旨在使学生的英语学习更加贴近实际应用，更好地服务于他们未来的职业生涯。此外，为了更有效地满足学生的多样化需求，教学中还特别重视对学生个性化需求的关注。学校实施了分类、分级、分层次的教学策略，以针对不同学生的兴趣和专业背景。通过这种灵活多样的教学方法，旨在为每一位学生提供最适合他们的学习路径，从而促进他们在英语语言技能和专业知识方面的全面发展。这种教育模式的目标是培养出既具备扎实英语基础，又能在国际环境中游刃有余的专业人才。

二、多元识读教学法

时代的发展变化不断地更新着识读能力的本质及识读能力学习的特征。在全球化、信息化的今天，新的技术塑造新的素养，读写、交流都在发生本质上的变化。以大学英语学习为例，传统识读观与现代识读观的详细对照如表 3-1 所示。

表 3-1 传统识读观与现代识读观的详细对照

传统识读观	现代识读观	观念演变及素养特征
过去的读写只代表"3R"[①]中的2个	现代的识读能力与数字素养密不可分	学习者的各项素养是相互连通的，他们能够有效地整合和协调不同素养之间的联系，例如将交流能力与多模态素养融为一体
学生毕业后，是一个了解英美文化、具有跨文化意识、受过高等教育的人	学生具备个性魅力，他们勇于创新，敢于冒险，擅长协商，并善于探索不确定性	在动态且充满不确定性的环境中，为了实现有意义且高效的交流，学习者需要具备强大的批判性思维（Critical Thinking）。他们应当能从多种角度审视问题，并在各种环境中通过有效的交流持续学习与成长
所选课文具有传统的文学欣赏价值	所选课文在选材上具有广泛性、多样性，在形式上具有多模态性	在教学领域，"教材"这一术语已逐步演变为"教学资源"；而在出版行业，变革正朝着数字化、多维化和网络化的方向发展
守纪律、有专业修养的各类人才	具备根据各种社交场合采取不同交流方式的能力，同时拥有国际视角和跨文化意识的人才	传统的人才理念推崇权威，造就了许多遵循旧规则的人才；而当代的人才理念则直接应对复杂多样的现实生活和合作意识，培育出具有更高主动性、应对挑战能力和社会参与度的个体

---

① "3R"在这个语境中并不是直接指"读写"，而是指阅读（Reading）、写作（Writing）和算术（Arithmetic）这三个基础教育领域的重要技能。

在全球经济一体化的大背景下,交流方式变得越来越多样,文化日益多元,语言的多样性也在不断增长。针对这一趋势,新伦敦小组(The New London Group)在其著作《多元识读教育学:设计社会未来》(*A Pedagogy of Multiliteracies: Designing Social Futures*)中首次提出了"多元识读"(Multiliteracies)这一概念。这个概念着重于探讨当代识读教育如何更好地服务于学生的生涯规划和个人成长,并提出了多元识读教学法(Multiliteracies Approaches Pedagogy)。这种教学方法在全球范围内产生了深远的影响,已经成为当代语言教育的一种主流趋势。多元识读教育是语言和文化的地域多样性与全球关联性显著增强的结果,也是新媒介时代交流表达形式多模态化的结果。

一方面,多元识读是全球化进程中文化和语言多样性的产物。随着全球化的推进,世界变得越来越紧密相连,英语在不同的文化和社会环境中得到了广泛应用,并展现了其跨文化交流的特性。英语不仅是一种全球通用的语言,同时也表现出了多样化的特点。

另一方面,多元识读也是新媒体环境下多模态表达形式的产物。新媒体技术的快速发展极大地改变了人们的交流方式。如今,文本交流已不再是唯一和主要的交流形式。书面和口头语言的结合,加上视觉、听觉、手势、触觉以及空间等多种模态的融合,使得交流更加多模态化。这要求学习者具备理解和掌握这些日益重要的媒体表现形式的能力。

新伦敦小组并没有对多元识读进行明确界定,但他们认为多元识读概念的核心是两个"多",即多语言(Multilingualism)和多模态(Multimodality),前者包括社会化、应用等四个阶段。在此基础上,新伦敦小组梳理了多元识读教学法的四个阶段,并将学习活动细分为四大类别:体验、概念化、分析和应用,强调在实践中进行学习。他们主张,在整个学习过程中,这四个步骤——体验、概念化、分析和应用,是连续且相互交织的。

首先是体验环节。认知是一种基于情境的过程,会受到周围环境的影响。学习者可以将课堂学习与校外的实际生活经验相融合，或者将学习内容与个人的课外生活经历相联系。这两种方法都是将学习与日常生活相结合的文化关联方式。这种体验分为两类：一是体验熟悉的事物，即通过反思自身的经历、兴趣、看法及对世界的理解，学习者将个人的知识和经验带入学习情境。二是体验新事物，这涉及在不熟悉的环境中观察或阅读新材料，让自己沉浸在全新的生活背景和课文中。需要注意的是，学生接触到的新信息或新经验应该与他们的认知水平相匹配，贴近他们的实际生活，以便通过新旧信息的结合促进有意义的学习。

其次，概念化阶段。概念化不仅是传统学科的教授过程，更是知识创造的过程。在这个阶段，学习者是积极的建构者，他们不仅需要将隐性知识转化为显性知识，还需要进行概括和归纳。概念化在学习过程中有两种主要方式：命名法和理论概括法。命名法涉及将观察到的现象或对象进行抽象命名，这一过程使学习者能够将具体经验转化为广泛的类别和概念，从而加深对世界的理解。而理论概括法则将学习者视为积极的理论和概念创新者，他们不仅吸收现有的理论知识，还通过自己的分析和反思，构建独特的心智模型和抽象理论框架。这种方式促进了学习者的主动性，在知识构建过程中形成可迁移的学科图式，使他们能够在不同领域和情境中有效地应用所学知识。

再次，分析。在这一阶段，学习者对已经通过体验获得的信息和概念进行深入的分析和批判性思考。这个过程包括对文本、语境、文化背景及语言使用等方面的探究和解读。学习者在此阶段被鼓励去识别和理解不同文本和交流情境中的隐含意义和价值观念。通过这种分析，学习者能够更加深入地理解信息的复杂性，以及如何在不同的文化和社会背景下进行有效的沟通和理解。这个阶段是培养批判性思维和分析能力的关键环节，帮助学生发展对多样文本和多种交流方式的敏感性和理解力。

最后，应用可以分为适当性应用和创造性应用。前者指学习者将自己的知识和理解应用于复杂多样的真实情景中,并检验其有效性;后者指学习者通过自己的兴趣、经验和灵感,对现实世界进行一种创新性和开创性的干预。正是这种创造性应用,使世界变得新颖和富有创新。

作为新媒介时代的一种新型教学法,多元识读教学法仍需在实践过程中不断发展和完善。

三、教学设计

教学设计与教学论之间的关系一直是一个备受争议的话题。文献分析显示,目前教学设计理论与教学论在许多方面几乎是同步的,它们之间的界限变得模糊。首先,这两者的核心都是围绕教学策略展开的。其次,教学设计与教学论在研究目的、方法和影响上也是一致的,都倡导通过行动研究来解决实际问题。最后,就学术深度而言,教学设计和教学论都受限于对教学方法模式的集中关注,而难以引领知识创新。当前,教学设计与教学论都被视为研究领域,而非独立的学科理论。教学的存在就意味着必须有教学设计,而教学论的视野与教学设计的视野相同。只有将教学设计的技术理论与教学论区分开来,才能推动新的教学论的发展。教学设计的技术理论关注于教学系统的结构构建,而教学论则关注系统的整体特性和运作机制。

伴随着高等教育改革的深入推进,本科教育的人才培养方案也在不断深化变革。许多高校正在调整人才培养计划,普遍趋势是减少大学英语课程的学分和授课时间。同时,管理层对大学英语教学质量提出了更高要求,这为基层管理者和一线教师带来了新的挑战,他们需要在更紧凑的课程安排中保证教学质量。

大学英语课堂教学改革是教学改革成功的关键。近年来,高校扩招导致大学英语教师工作量加大。同时,出版业的改革使得教材出版商更加注重教材的系统化建设,为一线教学提供了完备的教材体系和资源。然而，在实际教学中，多媒体教学的主导地位也暴露了一些问题，如管理不当可能导致人际交流和互动的淡化，教师个性的丧失，远离以学生为中心的教学原则，以及教师对出版社课件的过度依赖，缺乏课前准备。因此，在这种背景下，大学英语教师必须发挥主动性，紧密结合学生的实际学习情况，重视并优化教学设计，确保在有限的课堂教学时间内实现高效率。

教学设计在教育领域中扮演着至关重要的角色，涵盖了教育活动的策划、布局和执行，旨在有效地进行知识传授、技能培养和学习促进。其核心目标是创建一个有序且目的明确的学习环境，以适应学生的学习需求，并确保教学目标的实现。教学设计的根本目的是提出实现教学目标的最佳路径和实施策略，这涉及教师的积极行动、观察、反思和持续调整。在大学英语教学的同质化背景下，考虑到课程类型、教学对象和教学条件的巨大差异，探索适用于大学英语课堂的话语构建原则模型，对于指导新媒介环境下的教学实践、提升教学质量和实现有效的课堂教学具有重要意义。

在新媒体环境下加强教学设计，意味着不仅要遵循语言教学和教学设计的基本原则，还要特别关注现代教育技术的有效应用，加强多媒体和多模态的教学互动，从而提升大学英语的教学效果。在多媒体和多模态的教学环境下进行大学英语课堂教学设计时，必须全面考虑教学目标、教学环境、教师和学生的信息素养、学生的语言能力和心理特点等因素。同时，应利用第二语言习得理论、教育学、心理学和认知科学的最新成果，激发教师的主动性和创新能力。

在多媒体和多模态教学条件下进行大学英语课堂教学改革时，教育学的转型至关重要。这涉及运用现代教育教学理念和理论指导课堂教学，并充分利用现代教育技术来提高课堂教学效果。教育学转型的关键在于加强课堂教学设计，确保教学活动的有效性和适应性。

教学设计领域的发展代表着教育体系的不断进步和演变。过去，教学模式主要围绕传统的课堂教学展开，但随着时间的推移，这一领域经历了显著的变革。在这一演变过程中，一些教育技术领域的专家，如梅瑞尔等，提出了一系列核心教学原理，为教学设计提供了新的方向。这些核心教学原理包括展示新知原理、应用新知原理、聚焦完整任务原理、激活相关旧知原理、融会贯通掌握原理。这些原理强调了在教学过程中引入新知识、将其应用到实际任务中、激发学生的先前知识，以及将各个知识点融合成一个整体的重要性。这些原理为教师提供了指导，帮助他们更有效地设计和实施教学活动。

然而，这些原理并不仅仅适用于传统的课堂教学，它们也适用于信息化的教育时代。在信息化教育中，媒体被视作内容呈现的工具，而不是教育的全部。因此，媒体的选择和使用必须与教学目标相一致，才能真正提升教学效果。这一观点强调了教学设计的关键性，要求教师在选择媒体和技术时要有明确的教育目标，并将其与课程内容相匹配。随着教育生态学、认知负荷理论和多媒体学习认知理论的不断发展，国内的研究者开始关注多媒体条件下多模态外语课堂教学的设计原则。这种研究立足于认知心理学和教育技术学，旨在提高学习者的语言学习和交际能力。

多媒体教学手段的正确运用可以降低学习者的认知负荷，使他们更容易吸收和理解语言知识。这种学习方式将不同的感官和媒体融合在一起，使学习过程更加生动和引人入胜。学习者不仅可以听到和看到，还可以参与互动性强的教学活动，这对于语言学习非常有益。多模态学习也被认为是提高大学英语课堂教学效果的有效途径。首先，多模态学习可以调节学习者信息加工中的注意机制，帮助他们更好地理解和吸收语言知识。其次，学习者在多模态环境中能够更好地运用不同的媒体和感官，提高他们在言语交际中的效率。

在大学英语课堂中，教师正在积极探索如何充分利用现代信息技术，通过多媒体和多模态手段来优化语言学习的输入和输出。这涉及从应用语言学、教育学、教育技术学、话语学和教育生态学等不同理论视角出发，研究多模态课堂教学设计原则。这些研究对大学英语一线教师具有宝贵的参考价值，帮助他们组织和实施高效的多媒体和多模态课堂教学，从而更好地满足学生的学习需求，提高教育质量。多媒体和多模态教学已成为现代大学英语教育的重要组成部分，为学生提供了更加丰富和多样化的学习体验。

第二节 教育生态学

教育生态学与信息技术对外语教学的影响是一个备受关注的话题。作为一个新兴学科，教育生态学强调教育与周围生态环境之间的相互作用规律和机制，为理解外语教学中的动态平衡和失调现象提供了有力的视角。它为外语教学提供了一种新的理论视角，帮助我们更好地理解外语教学中的复杂性和变革。信息技术的引入为外语教学带来了巨大的机遇，但也伴随着挑战。通过综合运用教育生态学理论，我们可以更好地应对这些挑战，实现外语教学的动态平衡，促进学生的个体发展，为提高外语教育质量提供有力支持。

教育生态学的兴起可以追溯到20世纪70年代中期，代表了教育学与生态学相互渗透的新趋势。该学科的研究范畴涵盖了教育与周围环境之间复杂的相互关系，强调整体性、系统性、联系性、平衡性和动态性等特点。在外语教学中，这些特点也得到了广泛应用。随着信息技术的引入，外语教学发生了根本性的变革。信息技术改变了外语教学的目标、教育观念、内容和管理方式。然而，这种变革也带来了一些失调现象，打破了原有的平衡状态。信息技术的误用问题逐渐凸显，包括过度使用、滥用和低效使用，正确的使用方式相对较少。在面对这种情况时，教育生态学的理论观点提供了有益的启示。它强调动态平衡原则，要实现外语教学的动态平衡，需要稳定教学结构，并兼容各种教学要素。外语教学中的各要素可以视为构成一个生态系统的生物链，信息技术需要与其他要素兼容融合，以确保教学生态的平衡。同时，信息技术的角色既是制约因素，也是促进因素，需要处理好"稳定"与"兼容"，以及"制约"与"促进"的关系。

外语研究学者陈坚林教授提出了实现外语教学动态平衡的两个基本原则。首先，稳定教学结构，兼容教学要素。此原则强调在外语教学中，教学结构应保持稳定，各教学要素之间要相互兼容和融合。外语教学中的各要素构成了一个生态链，而信息技术是其中重要的一环。为了实现平衡和稳定，信息技术必须与其他要素协调工作，以确保教学生态的和谐运行。其次，制约教学运转，促进个体发展。此原则强调在外语教学中，需要对教学运转进行制约，同时促进学生个体的发展。不同的要素在教学系统中有各自的生态位和角色，但其作用的发挥也受到一定的限制。在现代信息技术条件下的外语教学中，需要合理制约信息技术的作用，以减少误用现象，使其在合适的轨道上发挥作用，并与其他要素协调工作。这种辩证关系的处理有助于外语教学在和谐的生态环境中健康发展。

陈坚林教授提出的这两个原则为外语教学提供了重要的指导思想，帮助我们更好地理解和应对信息技术引入下的外语教学变革。通过稳定教学结构、兼容教学要素、制约教学运转和促进学生个体发展，外语教学可以实现动态平衡，为学生提供更高质量的教育。陈坚林教授的这两个原则也有助于应对信息技术在外语教学中带来的挑战。随着信息技术的不断发展，外语教育领域面临着新的机遇和挑战。信息技术的引入为教学提供了更多工具和资源，但同时也引发了一系列问题，如信息过载、学生焦虑等。在这种情况下，稳定教学结构的原则有助于教育机构确保教学不被技术的快速变革所左右。兼容教学要素的原则使教育者能够更好地整合信息技术与传统教学方法，创造出更具创新性和高效性的教学方式。另外，制约教学运转与促进个体发展的原则也反映了信息技术在外语教学中的双重作用。制约教学运转意味着我们需要审慎使用信息技术，以避免其滥用和低值使用。这有助于维持教学生态的平衡和稳定。同时，促进个体发展的原则强调了学生的个性化需求和发展,信息技术可以为学生提供更多个性化的学习机会和资源,从而促进他们在外语学习中的成长。

教育生态学理论在构建大学英语网络自主学习中心方面发挥着关键作用。随着教育部推进大学英语网络化教学改革,越来越多的高校建立了网络自主学习中心。尽管相关研究成果层出不穷,但仍需从教育生态学角度深入探索网络自主学习的模式,构建适应网络教育环境的多模态英语学习模型。研究表明,学习者与教学内容、教育者以及学习工具之间的互动是有效学习的核心。随着自主学习理论的发展,许多西方高校已建立自主语言学习中心。在网络、多媒体和虚拟现实的基础上,教育的开放性确保了以学生为中心的教学方式,使学习者成为真正的自主学习者。

计算机辅助语言教学步入新时代,外语教育工作者通过网络和局域网进行语言教学,探讨网络教育环境下的教与学问题,成为应用语言学的研究热点。网络教育环境与传统教育的封闭环境不同,它面临多样的社会环境。因此,构建良好的网络教育生态环境至关重要,需要关注学习者的非正式学习,激发其学习动力,合理利用脑力资源以提高学习效果。结合高校英语自主学习中心的建设,我们应研究设计基于学生自主学习的网络教育生态模型,探索满足大学生交互式、个性化、自主式英语学习需求的方法。

多媒体学习认知理论、认知负荷理论和媒介理论是构建网络教育生态环境的重要理论基础。多媒体和多模态学习对网络教育生态具有重要价值。认知图式的研究有助于理解为何背景知识和记忆组织方式对于新知识学习至关重要,同时有助于减轻学习者的工作记忆负担。工作记忆负荷的影响因素主要包括内隐认知负荷、外显认知负荷和适当认知负荷。一方面,利用多模态、多媒体教学手段可以减轻外显认知负荷。另一方面,针对学习者的知识水平恰当地处理内隐认知负荷,可以帮助学习者构建图式和加工信息,从而更好地适应网络教育生态环境下的外语自主学习。

多模态学习在网络教育生态环境中具有显著的重要性。它建立在心理和生理基础之上，强调学习者不仅可以通过文字，还可以通过语音、图像、动画、情感等多种非词汇化的方式来获取信息。相较于传统的单一词汇学习方式，多模态学习被认为更加高效。这种学习方式对于调节学习者的注意机制、提升语言吸收能力以及增进语言学习效果具有积极作用。同时，充分利用多模态和多媒体手段也能显著提高言语交际的效率。多模态学习的核心特征在于综合多种感官和媒体进行学习，这种方式有助于学习者更全面地理解和吸收信息。特别是在网络教育环境下，多模态学习为学习者提供了更加灵活和多样化的学习体验。通过结合文字、语音、图像和情感等多种元素，学习者可以更深入地探索知识，从而更好地应对现代信息化社会的挑战。

在大学英语网络自主学习中，网络教育生态环境模型的约束作用及教育工作者的多角色网络引领作用，有助于加强大学英语网络自主学习中心的建设、管理和使用。

外语教育技术学作为教育技术学的一个分支领域，在中国的发展呈现出明显的方法论特征。它专注于如何应用新技术、工具和方法来优化外语教育过程以及有效利用教育资源。在中国，教育技术学已经逐渐崭露头角，成为一门独立的学科。其核心关注点是信息技术与课程整合在外语教育中的应用，这种整合开创了全新的教育信息化教学模式。库恩的范式理论认为，新范式的出现和变革标志着新学科的兴起。在外语教育领域，尤其是以计算机辅助外语教学为主要研究内容的外语教育新范式，为建立外语教育技术学科提供了前提和理论基础。这一新范式的诞生凸显了信息技术在外语教育中的重要性，为外语教育技术学的形成提供了引导。

然而，信息化外语教学并非仅仅是将外语教育与信息技术简单结合，而是必须受到教育学理论的指导。教育学原理与信息技术的有机结合对外语教育领域产生了深远影响，涵盖教学方法、教学设计、教学管理、资源利用、媒体应用、评价方法，甚至学习策略、教材编写和课程安排等各个方面。这种综合融合提供了直接的理论指导，推动了教育技术学科的迅速发展和广泛应用。

外语教育技术学作为一个新兴学科，其发展仍处于初级阶段。面对这一领域，有许多理论问题亟待深入探索和研究。我们的目标是利用该学科的理论成果，创新外语教学与教育技术的融合方式，开发新的教学模式、方法和环境。通过实际应用，这将有助于不断丰富和完善外语教育技术学的学科体系。

第三节 学习理论

现今科学的显著特征之一在于各学科之间的交叉与相互渗透，它们之间相互产生影响。教育心理学是教育学与心理学的交叉领域，其关键研究领域之一是学习理论。这些研究为大学英语的教育与研究提供了宝贵的指导和启示。

一、学习的定义

常言道："终身学习，终身成长。"这句话反映了学习作为一个终身过程受到普遍的重视。在心理学领域，学习这一概念涵盖了极为广泛的含义，其表现方式也是多样化的。例如：孩童学会走路、穿衣或说话都属于学习的范畴；科学家进行创新和发明也是一种学习过程；学生在校园中系统地学习知识和技能，保持良好的态度、习惯、高尚情操和道德品质，这更是一种有目的、有计划的学习活动。然而，关于学习的确切定义，不同心理学流派给出了各自不同的解释。

在探讨高校英语教学方法时，理解不同的学习理论至关重要。首先，刺激反应理论（由桑代克和赫尔提出）将学习视为外部刺激与可观察行为改变之间的关系,强调行为主义心理学的观点。而格式塔理论(由苛勒和考夫卡发展)则认为学习是个体对信息的整体性理解和重组。与此同时,认知理论(代表人物包括托尔曼和布鲁纳)将学习看作是认知结构的形成,强调对环境刺激的理解和关系识别。松井三雄则提出学习是基于经验的行为模式改变,以适应新环境。在现代定义中,学习被视为由经验引起的持久行为变化,这不仅包括外部行为,还涵盖内部活动如思维和能力。这些理论表明,学习是一个多层面、复杂的过程,对高校英语教学方法的发展和实践具有深远影响。

由此可见,学习作为一种复杂且多维的心理过程,可以通过以下几个关键特征来深入理解。

第一,行为变化的标志。学习带来的行为变化不仅限于新技能或知识的获取,它还包括旧习惯的修改、思维方式的转变,以及对复杂概念的理解。例如,在学习一门外语的过程中,学生不仅学会了新词汇和语法规则,而且还能够在实际沟通中灵活运用这些知识。这种行为变化的观察可以通过测试、项目作业,甚至日常交流中的表现来评估。

第二,相对持久性。学习带来的行为变化具有持久性,这意味着这些变化能够在长时间内保持,并在不同情境中被调用和应用。持久性是区分短暂记忆和深度学习的关键因素。例如,通过反复练习和应用,学生不仅记住了数学公式,还能够理解其背后的原理,并在不同类型的问题中应用这些原理。

第三,潜在性的行为变化。学习的潜在性表明,某些学习成果可能不会立即表现出来,但会在适当的环境和刺激下显现。这种潜在的学习结果体现了知识和技能的内化过程。例如,一个学生可能在课堂上学习了解决冲突的技巧,但直到他们面临实际的冲突情况时,这些技巧才会被派上用场。

第四,经验或练习的结果。学习是一个通过经验积累和反复练习而发展的过程。这种重复的实践有助于加强记忆和理解,从而促进技能和知识的长期保留。例如：音乐家通过持续的练习不仅掌握了演奏技巧，还提高了对音乐细节的感知和创造性表达的能力。

第五，经验或练习的强化。强化在学习过程中起着核心作用。正强化（如奖励、表扬）和负强化（如消除不愉快的状态）都可以增加特定行为的发生频率。例如，在教室环境中，学生可能因为答对问题而获得老师的表扬，这种正强化鼓励他们更加积极地参与学习活动。

以上分析为我们正确认识什么是学习提供了一个可供参考的框架，但这是对广义学习定义的分析，人和动物均可参考。如果从教育情境中的学习、学生学习的角度来看，狭义的学习是指"凭借经验产生的，按照教育目标进行的比较持久的行为变化"[①]。通俗地说，狭义学习着重于学科知识的吸收和应用，强调通过标准化评估如考试来衡量学习成效。在这种学习模式中，学生的角色往往是接收者，他们通过听课、记笔记、完成作业和参加考试来获取知识。狭义的学习重点是达到明确的学习目标，如掌握特定的概念、原理或技能，并且这些目标通常由教育机构或课程大纲预设。虽然这种学习模式在知识传递方面效率较高，但它可能限制了学生的创造性思考和自主探索的空间。

二、学习的过程与分类

（一）学习的过程

研究过程对于全面理解研究对象的本质、其各构成要素之间的关系和功能至关重要，这样的研究有助于探索研究对象的行为规律和特征。因此，对学习过程结构的深入研究一直是教育专家和心理学家高度关注的领域。接下来，将介绍几种具有代表性的分析方法。

1. 我国古代教育家关于学习结构的传统分析

我国古代教育家的学习理论有许多精辟的论述和独到见解，概括

---

① 邵瑞珍. 教育心理学［M］. 上海：上海教育出版社，1997.

起来，我国古代教育家的学习过程结构模式如图 3-1 所示。

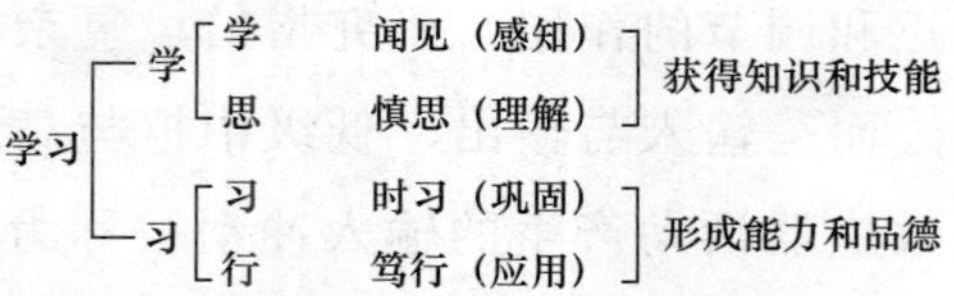

```
        ┌─ 学 ┬─ 闻见（感知） ┐
        │    └─ 慎思（理解） ┤ 获得知识和技能
学习 ───┤
        │    ┌─ 时习（巩固） ┐
        └─ 习┴─ 笃行（应用） ┤ 形成能力和品德
```

图 3-1　我国古代教育家的学习过程结构模式

这种框架揭示了学习进程由两大要素——学（学习）与习（练习）构成，并进一步细分为四个连续的阶段：学、思、习、行。在这个连续体中，"学"阶段涉及通过多个感官接收信息；"思"阶段涵盖对这些初步信息进行深加工的过程；"习"阶段指的是通过重复练习和复述来强化和巩固这些信息；而"行"阶段则是将所学信息提取并应用到实际操作中。"学"与"思"阶段集中于知识与技能的获取，而"习"与"行"阶段则致力于能力与品格的塑造。整个从"学"到"习"的过渡，标志着从未知到已知，从知识浅显到知识深厚的转变，本质上是培养德才兼备之人的发展轨迹。

2．苏联心理学对学习过程结构的分析

在苏联心理学中，学习过程的理论基础是建立在反射学说之上。反射学说被定义为有机体通过神经系统对内部和外部刺激的规律性反应。

初始阶段，即感知环节，主要涉及感官接收内外部刺激，并将信息传递到大脑的过程。由于外部信息量通常超出个体感官在一定时间内的处理能力，因此，决定接收哪些信息的过程涉及注意力的选择性筛选和过滤，显示出一种指向性功能。因此，这一环节也被称作指向环节。

中间环节，即信息处理阶段，涉及对接收到的信息进行加工、组织和整合。根据认知心理学的理论，这一阶段的核心是短时记忆，它具有存储时间短暂、容量有限和易受干扰的特点。

最终环节，也称为反应环节，涉及对处理和组织过的信息作出响应的过程。这一环节承担执行功能，如肌肉的收缩、腺体的分泌等。

反馈环节是检查和评估行为是否符合任务要求或达到预定目标的过程，起着校正和调节的作用。研究指出，复杂的反射活动不是简单的单向传导，而是输入与输出、低级中枢与高级中枢之间的双向交流。这种由效应器活动产生的输入冲动被称为"反馈"，即系统的输出转换为输入的过程。例如，教师根据课堂纪律和学生的行为反馈调整教学内容或方法，学生根据作业、实验和考试结果设定后续行动目标，都是通过反馈环节实现的。如果行动产生的反馈信息正确，它会作为成功经验存储在记忆中；如果不符合任务要求，则需要重新获取相关信息，进行新的处理和组织，直到产生准确的反应。因此，作为双向传导的反馈环节，在确保大脑皮层对效应器的调控以及有机体对外部环境的适应和平衡方面起着至关重要的作用。

3. 美国心理学的分析

美国心理学家罗伯特·加涅的研究在教育心理学领域占有重要地位，特别是他提出的学习过程结构的阶梯模式，为理解和实施有效的教学策略提供了极具价值的理论框架。加涅的模式分为八个阶段，每个阶段针对学习过程的一个关键环节。

（1）动机阶段。这是学习过程的启动阶段。在这一阶段，教师需要激发学生的学习兴趣，明确学习的目的和动机，为学习过程打下基础。

（2）选择阶段。此阶段的关键在于个体对信息的专注和筛选。学生需要从大量信息中识别和选择与学习目标相关的内容，排除干扰信息，形成清晰的学习焦点。

（3）获得阶段。在这一阶段，学生以物理特性形式接收和登记信息。这一过程类似于信息编码，是对选择阶段信息的初步处理。

（4）保持阶段。在这一阶段，信息在短时记忆中进行加工和组织。有效的学习技巧，如重复和联想，可以帮助学生将信息从短时记忆转移到长时记忆中，实现长期保持。

（5）回忆阶段。在这一阶段，学生需要从长时记忆中检索和提取之前学习的相关信息，以支持当前的学习或解决问题。

（6）概括阶段。概括是学以致用的关键阶段。在此阶段，学生将所学的知识和技能应用于新的问题或情境中，展示对知识的灵活运用和理解。

（7）作业阶段。在实践中学习是加涅模式的重要组成部分。通过作业和练习等实践活动，学生将所学的知识和技能转化为具体行动。

（8）反馈阶段。反馈是学习过程中的重要环节。学生通过完成作业并接受反馈，不仅能够巩固所学知识，还能激发进一步的学习动机，并设定更高的学习目标。

加涅特别强调了反馈在学习过程中的关键作用。他认为，良好的反馈机制不仅能够确认学习成果，还能显著增强学习动机。这对于确保学习的持续性和深入性至关重要。加涅的这一阶梯模式为教师提供了一种系统的方法来设计和实施教学活动，使学生能够更有效地学习和掌握知识。

（二）学习的分类

由于学习本身的复杂性以及在定义、过程和分类标准上的多样性，学习的分类难以归纳为统一标准。为了解释学生的学习特性，可以参考美国心理学家奥苏伯尔对学习分类的见解。

奥苏伯尔的学习分类理论与学校教育的实际情况密切相关。他基于学生的认知过程、学习方法和学习内容的不同，提出了各种分类方式。这些分类涵盖了学生学习的多个方面，为理解和适应学生的学习需求提供了宝贵的视角。

奥苏伯尔在认知过程的分类中提出了两种主要的学习类型。首先是有意义学习，这种类型的学习侧重于新信息与学生现有知识结构的关联，强调深层次的理解和信息的整合。学生在这种学习中不仅吸收新知识，而且能够将其与已有的知识联系起来，形成有意义的整体认识。相反，机械记忆学习则侧重于信息的表层处理，不涉及知识结构的深层次连接。这种学习类型主要依赖于重复和记忆，而非理解，通常用于处理不容易与现有知识结构相关联的信息。

在学习方式的分类中，奥苏伯尔区分了接收学习和发现学习。接收学习主要涉及学生接收并理解教师提供的信息，侧重于理解和吸收新知识。这种学习方式通常在传统的课堂教学中较为常见，教师扮演信息提供者的角色，而学生则是知识的接收者。此外，发现学习鼓励学生通过探索和实验来自主获取知识。这种学习方式促进学生主动参与和解决问题，有助于培养创新思维和深层次的理解。

学习方式包括发现式学习和接收式学习，二者相互依存且互有影响。没有接收式学习的基础，即对知识和经验的累积，就难以进行有效的发现式学习。反之，仅仅依赖接收式学习而缺乏创新思维，则可能导致社会发展的停滞，甚至对人类的持续发展构成威胁。独立发现学习的形式多样，可以是基于重复实践的机械学习（例如迷宫实验），也可以是基于深层理解和探索的有意义学习（如科学研究）。同样，有意义的学习既可以是接收式的，也可以是发现式的，例如听课、查阅资料或产生新思想和设计。

因此，在教育领域中，将发现学习与有意义学习等同，将机械学习与接受学习混为一谈，或者将这些学习形式看作独立的部分，都是不妥当的。对不同学习类型进行优劣之争也缺乏意义，因为在整个学习过程中，各种学习形式都是必需的。关键在于根据学习对象、任务、内容和目标的不同，在选择学习方法时做出适当的侧重。

由此可见，学习类型的分类是多种多样且复杂的，难以用一种统一的标准来划分。这种多样性一方面源于学习活动本身的复杂性，另一方面与不同学派的理论观点、分类标准和研究视角有关。此外，许多分类中并未严格区分动物学习与人类学习，或人类学习与学生学习，有时甚至混为一谈，这可能影响学习分类的科学性和逻辑严密性。尽管如此，了解这些多样的学习分类仍有其价值，它有助于我们在借鉴前人的基础上进行创新和发现。

在对大学英语学习进行分类时,我们需要考虑其独特性质。英语学习不仅涉及语言知识的掌握,还包括语言技能的运用、文化理解和交际能力的培养。以下是大学英语学习的四种分类。

(1)语言知识的学习:这一类别包括英语的基本语法、词汇、句型结构等。学生通过教材、课堂讲解、在线资源等方式学习英语的基础知识。这些知识是理解和使用语言的基础,对于英语学习至关重要。

(2)语言技能的学习:包括听、说、读、写四项基本语言技能的培养。学生通过各种实践活动,如听力练习、口语演练、阅读理解和写作练习,来提高具体的语言运用能力。这类学习强调实践应用,旨在提高学生的综合语言能力。

(3)文化和交际能力的学习:英语学习不仅仅是语言本身的学习,还包括对英语国家文化的理解和跨文化交际能力的培养。这可以通过学习不同文化背景下的文学作品、电影、音乐作品,以及参与文化交流活动等方式来实现。这种学习方式有助于学生在实际交流中更好地理解和运用英语。

(4)英语学习策略和方法的掌握:这一类别涉及如何学习英语,包括不同的学习策略、记忆技巧和学习方法的选择。学生可以通过掌握有效的学习方法来提高学习效率,养成自主学习的习惯。

这些分类反映了大学英语学习的多方面特性,涵盖了从基础知识到高级技能,再到文化理解和交际能力的全面发展。通过这样的分类,学生可以更系统地掌握英语,为未来的学术和职业生涯打下坚实的基础。

三、学习理论的发展演变

自 20 世纪以来,学习机制的研究已经经历了多个理论流派的发展,包括行为主义、认知主义、建构主义、社会建构主义以及联通主义(又被一些学者称为"关联主义")。这些理论流派在学习机制的详细工作方式、学习者的角色、教师的作用以及技术的应用方面都有所不同。这些差异可以在表 3-2 中看到更详尽的对比和分析。

表 3-2 学习理论各主要流派核心观点对照

理论流派	学习运行机制	学习者	教师	技术的作用
行为主义	强化反应	被动接受奖惩者	奖惩分发者	收集和提供学习反馈
认知主义	信息获取	被动接收信息者	信息发布者	提供获取信息的途径
建构主义	知识建构	积极地意会者和知识建构者	认知向导	学习过程中指导学习者的认知处理
社会建构主义	参与或社会协商	既是个体认知者也是学习共同体成员	协商促进者	社交网络软件支持学习者个体交互和社会实践
联通主义	优化学习者内外网络	知识网络和节点的重构者	知识网络重构促进者	网络成为知识联结和创造的载体

20 世纪经历了数次主流学习观的变迁,从行为主义学习理论的知识习得观到建构主义的知识建构观,再到社会建构主义的参与观(或社会协商),行为主义、认知主义和建构主义为外语教学整体研究提供了坚实的理论基础。

在行为主义理论中,学习被视为一种行为变化的过程。这种变化是通过与环境的互动以及刺激—反应模式的重复来实现的。行为主义者认为,学习是外在的、可观察的,而不是发生在个体内部的心理过程。重点在于可观察的行为改变,而非内在思维过程的变化。学习被认为是通过强化和惩罚等条件作用来塑造的,强化可以增强特定行为的发生概率,而惩罚则降低它。从行为主义的角度来看,语言学习主要是通过模仿、练习、强化和习得等过程来实现的。在这个框架内，孩子学习语言是通过模仿成人的语言、重复所听到的词汇和句子。正确的语言使用会得到强化（如鼓励、赞赏等），而不正确的使用则可能遭到纠正或忽视。例如，当一个孩子正确地使用一个单词或短语时，如果他们得到了积极的反馈（比如微笑、称赞），他们更有可能再次使用该单词或短语。这种反复的强化过程帮助孩子逐渐学会并掌握语言的基本结构和词汇。

在21世纪信息技术飞速发展的背景下，认知主义学习理论提供了对学习过程的深刻洞见。这一理论将重点放在人的内在心理机制上，提出学习不仅是外部环境因素的影响结果，同样深受个人既往经验、心理结构和信念体系的内在影响。它认为学习是一个主动且有意义的建构过程，学生需要运用自己的知识并利用经验去吸收和处理新的信息。在这个过程中，学生成为积极的参与者，他们不再是被动接受知识的容器，而是主动构建知识的建筑师。

建构主义理论深植于认知主义的肥沃土壤之上，着重强调学生在学习过程中扮演的中心角色。在这一理论的指导下，学生被视为知识的主动构建者，而教育活动则成为一个多元互动的舞台，涉及学生、教师、学习任务与环境等多方面因素。在这样的教育实践中，学生通过协作式学习和集体智慧的互助，共同在课堂上建构知识结构。此外，借助现代技术，如多媒体工具和网络平台，学生能够对学习材料进行更为个性化的处理，并与他人分享和交流信息。这种学习方式不仅提升了信息的可接入性，也增强了学习的互动性和实用性，从而促进了学生对知识的深层理解和长期记忆。

在数字化时代，随着互联网技术的迅猛发展，联通主义学习理论为我们提供了一种全新的学习视角。联通主义将学习视作在广阔网络中节点与连接的建立与重塑过程，倡导在一个开放、互联的学习生态系统中进行知识的探索和扩展。此理论关注学习内容的逻辑布局，并特别强调教学设计的灵活性和创造性。在联通主义的指导下，教学设计变得非线性和自组织，以适应学习者的个性化需求和不断变化的环境条件。这种设计理念鼓励教育者在课程实施过程中进行动态调整，确保教学活动能够反映出学习者的个性和当前社会的技术发展。联通主义通过网络社会结构的变迁，提供了一种理解和解释现代学习连接过程的新框架，这对于构建现代教育理论和实践具有重大意义。

四、多媒体学习认知理论

多媒体学习认知理论是一种关于学习和认知的理论，主张通过使用文字、图片、视频和音频等多种媒介来促进更深层次的信息处理和学习理解。该理论基于认知心理学的原理，强调在设计多媒体材料时应如何有效地配合人的认知结构，以优化学习效果。它侧重于如何整合多种感官渠道的信息，以便更有效地利用大脑的处理能力，提高记忆、理解和应用知识的能力。多媒体学习认知理论构成了一个综合严密的学术框架，包括基础理论假设、学习科学理念、教学科学方法论以及应用实践这四个互相衔接的组成部分。具体流程如图3-2所示。

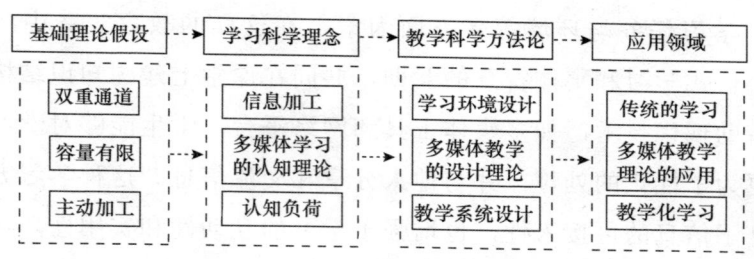

图3-2 多媒体学习认知理论的科学体系

国外学者理查德·E.梅耶（Richard E.Mayer）对多媒体学习认知理论体系的研究，始于双重通道假设（dual channel assumption）、容量有限假设（limited capacity assumption）、主动加工假设（active processing assumption）等基本假设。

在梅耶的多媒体学习认知理论体系中，双重通道假设是核心概念之一。该假设基于人类的信息处理理论，认为人类的大脑有两个独立的通道用于处理信息：一个是用于处理视觉和空间信息的视觉通道，另一个是用于处理语言和听觉信息的听觉通道。梅耶认为，当学习者同时接收图像（如文字和图表）和声音（如讲话和音乐）时，能够更有效地处理信息，因为这两种信息分别通过不同的通道加工，减少了每个通道的负荷，使信息加工更加高效。这个假设支持使用多媒体材料进行教学的实践，强调同时利用视觉和听觉材料可以提高学习效率和效果。

梅耶提出，在多媒体学习中，最大的挑战是如何促进学习者的主动认知活动。基于认知负荷理论，他认为多媒体学习包括三项核心任务，每项任务都有相应的设计准则：首先，为了避免不必要的认知活动，与学习目标无关的元素应被消除，这可以通过应用一致性、强调性、非冗余性、空间和时间的连贯性等原则来实现。其次，通过选择性认知管理，有效控制学习材料的呈现方式和材料本身的复杂性，可以实施分割原则、预览原则和模态原则。最后，为了促进深层次的认知处理，如组织和整合信息，从而激发学习者的产出性认知过程，即理解学习任务和内在动机，可以运用多媒体原则和个性化原则。

认知主义心理学强调记忆力的重要性。在认知主义心理学中，研究记忆力成为研究学习的一种重要方式。有意义的学习依赖于学习者在学习过程中的认知加工。顾日国教授在认知心理学领域的研究中，针对多媒体和多模态学习提出了五个基本假设，这些假设深入探讨了记忆力在学习过程中的作用和影响。

（1）同模态与模态转换。顾教授指出，在学习过程中，同模态的信息处理相比于模态转换更为容易。当信息处理处于同一模态时，处理过程是同质的，而模态转换则需要额外的认知资源来处理不同类型的信息。例如，视觉信息到听觉信息的转换需要额外的认知努力，因为大脑需要适应不同的处理方式。

（2）模态转换的内化效应。尽管模态转换需要更多的认知资源，顾教授认为，适当的模态转换能够增强学习内容的内化和记忆的持久性。这是因为模态转换要求大脑进行更多的认知加工,这种加工能够加强大脑对学习内容的处理和记忆。

（3）多媒体与记忆力。顾教授提出,多媒体和多模态学习可能比单一媒体学习更有效地增强记忆力。多模态学习通过结合视觉、听觉等不同感官的信息,提供更丰富的学习体验。然而,这种效应是否普遍适用,还需在不同的语境中通过实验进行验证。

（4）结合词语与图像的学习。结合词语和图像的学习方法可能优于单一的词语学习。这种结合能够更有效地集中学生的注意力并强化记忆。但顾教授也指出,如果处理不当,这种结合可能导致注意力分散,从而阻碍学习过程。

（5）社会化学习与记忆力。顾教授认为,相较于个人与计算机的单独学习,面对面的师生互动或同学间的合作学习更有利于记忆力的增强。这在很大程度上归因于社会化学习的高度互动性和参与感,这些因素能够促进更深层次的信息处理和记忆。

在新媒介时代,外语教学经历了显著的变革,尤其是在数字化学习和泛在式学习方面的发展。这些变革有助于降低学习者的认知负荷并改进记忆机制,从而提升学习效果。例如,在写作学习方面,现代学生的体验与过去大相径庭。他们借助文字处理软件如Microsoft Word进行编辑,利用拼写检查和语法纠正功能,使得修改文本变得更加便捷。同时,泛在式学习的普及也使得学生可以通过手机短信、电子邮件、社交软件等随时随地进行写作练习。由于这些技术的广泛使用,现代学生的学习习惯和策略也发生了重大变化。他们的写作风格趋向口语化和非正式化,广泛使用缩略语和表情符号,这一点在数字化和可视化的背景下尤为明显。如飞信和微信等集成视听文本的应用在青年学生中极受欢迎,这不仅丰富了写作的形式,也增加了表达的维度。现代书面课文通常配备数字化的在线多模态文本,例如音频和视频辅助材料,这些丰富了教学资源,增强了学习体验。数字化写作超越了传统的文字和文本模态,融入了视觉元素（如布局、字体等）、静态和动态图像、颜色、音乐和录音等。学生需要学会运用多媒体技术来收集和分析信息，并掌握不同文体（如故事、报告等），以及书面、视觉、口头、色彩等多种模式。通过这种方式，他们不仅构建新知识，还能进行创新和跨文化交流。

在构建新媒体时代的学习环境时，一个常见的误区是将技术作为核心，而忽视了学习本身的重要性。技术中心的设计倾向于探讨技术能做什么，而将技术视为教学的辅助工具，其目的是利用技术来支持教学活动。相比之下，多媒体学习认知理论着重于以学习者为中心的设计原则，更多地关注大脑的学习机制以及学习和记忆的效果，将技术视为促进学习效果的工具。

在构建新媒体时代的学习环境时，一个常见的误区是将技术作为核心，而忽视了学习本身的重要性。技术为中心的设计倾向于探讨技术能做什么，而非将技术视为教学的辅助工具。其目的是利用技术来支持教学活动。相比之下，多媒体学习的认知理论着重于以学习者为中心的设计原则，更加关注大脑的学习机制、学习和记忆的效果，将技术视为促进学习效果的工具。

在学习理论研究中，有效学习的特点突出体现在以下几个方面：第一，学习过程以学习者为中心，鼓励学习者的主动参与，使他们逐渐意识到自己作为学习者的角色。第二，学习过程具有社会性和协作性，强调群体互动。第三，学习过程对学习者的动机和情感状态给予深度关注，表现出高度的同理心。第四，关注学习者的个体差异，如先验知识，表现出敏感性。第五，对每位学习者都提出高标准，但不至于成为负担。第六，评估方式与教学目标保持一致，强调形成性反馈的重要性。第七，促进学习活动与课程内容以及课内与课外学习的紧密联系。

第四节 认知负荷理论

认知负荷理论（Cognitive Load Theory，CLT）是一种关键的心理学理论，对于理解和优化教学方法至关重要。其核心理念在于有效管理工作记忆在学习过程中的运用。工作记忆是处理新信息、构建知识结构和自动化图式的场所，而认知图式作为知识的组织框架，有助于整合和储存信息，从而降低工作记忆的负担。教学的一个主要目标是协助学生将信息有效转移到长期记忆中。认知负荷是一个复杂的概念，它涉及在特定学习任务中施加于学习者认知系统上的负担。这个概念可以从两个维度来理解：一是任务与学习者特性之间交互的原因维度，二是涵盖心理负荷、心理努力和学习效果等的可测量评估维度。影响工作记忆负荷的因素包括学习任务本身的复杂性（内隐认知负荷）、信息的呈现方式（外显认知负荷），以及学习者用于构建和自动化图式的认知资源（关联认知负荷）。

长期以来，认知负荷理论的研究重点集中在开发教学策略上，以减轻外显负荷。然而，近期的研究趋势转向了如何处理内隐认知负荷和关联认知负荷，以及教学策略和学习者知识水平之间的相互作用。这一转变强调了教学策略不仅需要减轻认知负荷，还应关注如何高效地利用认知资源，以促进更有效的学习过程。工作记忆负荷受到多种因素的影响，主要包括学习任务的固有复杂度（内隐认知负荷）、任务呈现的形式（外显认知负荷）以及学习者自主投入到图式构建和自动化处理的认知资源（关联认知负荷）。这些认知负荷类型都是可以控制和调整的。在认知负荷理论的长期研究中，关注点主要集中在开发教学方法上，以降低外显负荷。然而，近期的研究开始关注如何处理内隐和关联认知负荷，以及这些负荷与教学策略和学习者知识背景之间的相互作用。

在教学过程中，学生所承受的外显认知负荷的影响程度取决于内隐负荷的大小。当内隐负荷较高时，为了避免超出学生的认知能力，需要相应降低外显认知负荷。相反，如果内隐负荷较低，即使因教学设计不当而引起的外显认知负荷较高，也可能不会对学生造成过大的压力，因为总的认知负荷并未超过学生工作记忆的极限。此外，如果内隐和外显认知负荷的总和还有余量，那么鼓励学生适当增加认知负荷是有益的，尤其是在促进图式构建和自动化处理方面。因此，根据认知负荷理论，教学的主要原则应该是在避免认知超载的前提下，减少外显认知负荷并适当增加与学习任务相关的认知负荷。为此，教师需要考虑学生的知识背景，因为这将决定学习任务带来的内隐认知负荷。

认知负荷理论在教学领域提供了关于如何有效进行知识传授和学习的重要指导。该理论特别强调在教学过程中应该减少外显认知负荷，即避免因教学设计不当而造成的不必要的认知负担。同时，它提倡增加促进知识构建和自动化过程的关联认知负荷，确保总认知负荷保持在学习者能够承受的范围内。

认知负荷理论的核心假设围绕人类认知的四个方面展开：

第一，教学目标。理论认为教学的主要目标是在长时记忆中构建和存储知识。

第二，工作记忆的限制。在处理新信息时，工作记忆的容量限制是一个关键因素。它保证了信息能够逐步积累和增长，而不至于超出处理能力。

第三，信息的组织结构。该理论指出，信息的随机变化，尤其是大的变化，通常是无效的，因为它们缺乏组织结构。这种缺乏结构的信息变化不利于知识的有效构建。

第四，中央执行官的重要性。由于缺乏一个中央执行官来决定变化的本质，随机而非预设的变化往往是不可避免的。因此，认知负荷理论提倡在教学中引入一种"中央执行官"的角色来指导学习过程，排除随机和不必要的变化。

有效的教学应考虑到这些假设，并提供一种结构化的教学方法。这种方法通过优化认知过程和确保认知资源的有效利用，旨在促进长时记忆的有效改变，从而实现学习效果的最大化。通过这种方式，认知负荷理论不仅帮助教师设计更有效的教学策略，也帮助学生更有效地处理和存储信息。以下是世界各地的研究者提出的基于认知负荷理论所研究的各种教学效应（表3-3）。

表3-3 认知负荷理论所研究的各种教学效应

教学效应	描述	解释
目标自由效应（goal free effect）	换用开放式题目，以取代向学习者设定具体目标的传统题型	通过将当前问题的状态与目标状态联系起来，旨在缩减二者间的差距，这一做法能够有效减少外显认知负荷。如此一来，学习者便能更专注于问题的现状和可用的处理机制
样例效应（worked example effect）	替换传统问题为已经成功解决的案例，这些案例需要被仔细地学习	降低由于使用效果不佳的解决方法所引起的外显认知压力，从而使学习者能够更集中地关注问题的当前状态和有效的解决策略
完成问题效应（completion problem effect）	替换传统问题为未完成的挑战，提出部分解决方案，并要求学习者对其进行完善	因为呈现了部分解决方法，缩小了问题处理的范围，这有助于降低外显认知的负担，使得学习者能够更专注于问题的现状及有效的解决步骤和策略
分散注意力效应（split-attention effect）	用一个综合性的信息来源来取代多个不同的信息源（这些通常包括图像和相关文字）	因为不需要整合不同的信息源，所以这降低了外显认知的负担
双重感官效应（modality effect）	替换书面解释文本和单一形式的视觉信息源为口头解释和多样化的视觉信息来源	因为采用了多种呈现形式，同时激活了工作记忆中的视觉和听觉处理器，这样做有助于降低外显认知的负担
想象效应（imagination effect）	鼓励他们通过想象力或心理训练来替换传统的额外学习材料	古老的进化特征相较于新近的进化特征，更容易通过细微调整而达到良好的效果

续表

教学效应	描述	解释
分离关联元素效应（isolated-interactive elements effect）	当使用具有高度相关性的材料时，首先向学习者展示一些孤立的元素，随后再展示完整的材料	高度复杂的功能无法仅通过单次进化实现，而需要一连串的小步骤来完成
元素关联效应（element interactivity effect）	在使用低关联性元素的材料时，想象效应等教学效果会消退，然而在应用高关联性元素时，这些效果又会重新出现	尽管自然选择的进化过程能阐释生物个体间的微妙变异，但其主要作用在于解释复杂功能的形成以及物种的产生方式
专业知识反效应（expertise reversal effect）	对初学者来说，效果显著的教学策略，随着学习者专业知识的增长可能变得无效，甚至可能带来相反的影响	当特定功能的基因已形成并开始发挥作用时，对于相同功能的进化，一组新基因可能会变得无效
冗余效应（redundancy effect）	用一种信源替换多种自治（即它们能够被独立理解）的信息源	减轻了因莫须有地处理冗余信息而招致的外显认知负荷

表 3-3 所示的各种教学效应中，对于具备专业知识的学习者来说，专业知识反效应、冗余效应和想象效应是相关的，而对于初学者，样例效应和分散注意力效应等则更为适用。

在认知负荷理论的早期研究中，重点主要放在控制内隐认知负荷和适度认知负荷的教学影响上，特别是针对初学者的教学方法，旨在减轻他们的外显认知负荷。这些研究探讨了改善图式构建和知识迁移测试表现的关键效果。而近期的认知负荷理论研究则更加注重个体化学习需求的教学程序调整。为了实现适应性教学和数字化学习，关键在于明确不同知识水平学习者适用的教学方法，确保这些方法之间的平稳过渡，并制定有效的知识评估手段。

基于认知结构研究，认知负荷理论提出的教学设计原则强调从引导合理分配认知资源的角度设计适应性学习资源。在新媒介环境下，这一原则对于管理丰富的认知资源具有重要的指导作用。该理论指出，影响学习者认知负荷的主要因素包括：

第一，任务和环境因素，如任务的结构、新颖性、时间压力等。

第二，学习者的个体特征，包括学习者的先验知识、认知资源、认知风格和学习动机等。

第三，学习者与任务之间的互动。为此，认知负荷理论提出了多项重要的设计原则，如自由目标效应、样例效应、分散注意力效应、模态效应、冗余效应、变式效应等，这些原则旨在优化学习者的认知过程。

认知负荷理论在学习过程中的应用尤为重要，尤其是在理解记忆的角色和合理分配认知资源以实现有效学习方面。该理论的核心在于工作记忆的存储容量有限，且认知资源总量固定，因此强调在教学设计中应尽量减少非必要的认知负荷，以提升学习效率。在外语教学领域，认知负荷理论的若干关键研究成果为教学设计和实施提供了重要指导。首先，认知负荷理论强调认知构建的重要性，提倡在教学中注重知识和技能的有效构建，以促进学习者在长时记忆中形成坚实的知识结构。其次，使用辅助例句和实例可以帮助学习者更好地理解新概念，并在理解过程中减轻认知负荷。此外，教学材料和方法应避免复杂性和分散注意力的元素，以减轻工作记忆的负担。同时，处理冗余效应也至关重要，清晰、紧凑的信息传递有助于提高信息处理效率。最后，认知负荷理论提倡利用视觉和听觉的双重感官输入，这可以更有效地分配认知资源，促进不同类型信息的整合。

随着互联网技术的飞速发展，数字化学习和泛在式学习变得日益普遍。数字化学习材料的制作为教学设计者提供了新的环境和机遇，但也带来了与传统课堂教学不同的挑战。在传统的面对面课堂中，教学设计通常可以根据教师或同伴的反馈进行及时调整，以解决学生在理解上遇到的困难。学生在遇到理解难题时，通常可以立即向老师或同学求助。

与此相比，数字化教学设计与实际学习发生在不同的时间段。即教师先行设计教学内容，然后学生在之后的一段时间内，可能是一个月或更长时间后，使用这些材料进行学习。这种时间上的分离要求学习者重新组织教与学的过程,而且通常没有老师在场,缺少即时的交互环境。这要求学习者承担更多的责任,独立思考和探索,以确保正确理解学习内容。为解决这一问题,研究者可以开发引导性对话、教导性语句或嵌入式导航指导,使学习者在处理教学材料时能够与教师进行虚拟互动。如果教学材料设计导致过大的外显认知负荷,学生可能难以理解课程内容。因此,运用有效的教学设计原则来妥善管理认知负荷是设计高效数字化学习材料的关键,这种材料能够帮助自主学习者更好地理解内容。

第四章　文化理念下大学英语教学方法的转向

第一节　从文化角度看大学英语教学

英语作为一种国际语言，在全球范围内得到了广泛的发展和应用。随着全球化的加深，英语教学不仅仅是语言技能的传授，更成为了跨文化交流的桥梁。在这个过程中，语言已经不再是不同文化之间交流的主要障碍，更多的挑战来自于对不同文化模式和传统的不理解与不接受。当前，文化理解的重要性日益凸显。对不同文化模式和传统的理解与接纳，是国际交流和全球合作中不可或缺的一部分。因此，在大学英语教学中，文化教学内容的重视变得尤为关键。通过深入了解和学习英语国家的文化，学生不仅可以提升自己的语言能力，更能培养出对不同文化的敏感性和理解力。此外，文化知识在大学英语教学中具有双重作用。一方面，它促进了国际文化交流，增进了不同国家和地区之间的理解与合作。另一方面，文化知识的学习对于培养学生的跨文化意识具有重要影响。学生通过学习，不仅能够掌握语言，更能在文化层面上与他人建立起深层次的联系。因此，本章将重点研究在教学改革的背景下，大学英语教学中文化转向的重要性和影响。我们将探讨如何在英语教学中融入文化内容，以及这种融合对学生学习效果和跨文化交流能力的积极影响。通过这一研究，我们旨在为大学英语教学提供更为全面和深入的视角。

随着文化多元化时代的到来，人们逐渐开始重视大学英语教学中的文化教学，从而使培养出的高素质人才可以适应当前社会多元文化融合的总体发展趋势。为此，本节从文化角度来研究大学英语教学。

一、外语教学中文化教学的必要性

在外语教育中，融入文化教学是至关重要的一环。当人们学习母语时，他们不仅学习语言本身，还学习与之相关的文化和语用习惯。在这个过程中，语言作为交流工具和文化传递的载体是紧密结合的，很难被明确分开。但在学习第二语言时，这种结合就不再那么明显，而且很多时候，学习者会忽略文化要素，过分关注语言形式的学习。

语言学习与文化紧密相连，目的在于实现有效的交流，而这一过程极大地受到文化因素的影响。因此，掌握一门外语不仅仅是学习语言本身，还包括了解其背后的文化。这种学习方式类似于儿童在学习母语时同时获得的文化知识。学习和使用外语本质上是一种跨文化的交流过程，不仅涉及语言的结构和规则，还包括对文化的深层理解。在进行跨文化交流时，除了具备语言技巧外，对目标语言文化的深入了解也是必不可少的。

在外语教学中，文化教学是不可或缺的一环，它有助于学生在学习语言的同时深入理解并接受目标语言的文化，从而达到理想的跨文化交流效果。目前，无论在国内还是国际上，外语教学都强调文化教学的重要性。在这里，文化教学涵盖了目标语言国家的历史、宗教、世界观、价值观、社会组织、风俗习惯及社会制度等多方面内容。

强调文化教学的必要性并不意味着缺乏对目标语言文化的理解就无法沟通。即使完全不懂某种外语，人们仍然可以通过翻译、手势或其他非语言手段进行交流。但需要注意的是，并不存在完美的翻译方法，不同文化背景产生的语言表达差异很大，很难做到完全对等的匹配。尽管一些具体事物可能在语言上有对应，但对于信仰、情感等更抽象的概念，翻译则显得更加困难。在这种情况下，缺乏对目标语言文化的深刻理解可能会妨碍有效的交流。如果一个人仅掌握语言知识，而缺乏对目标语文化在社会、经济、政治、宗教等方面的深入洞察，这将不利于有效的交际。

对于中国的大学生来说，学习外语不仅是语言的学习，还伴随着对其文化的了解。在提高语言和文化技能的过程中，学生们也在扩展自己的视野、建立文化认同，并培养批判性思维。他们学会了如何欣赏和包容目标语和母语的文化差异。在中国，课堂是学习外语文化的理想场所，因此在外语教学中系统地进行文化教学是非常必要的。

二、国外大学外语教学中的文化教学

国外学者最先在外语教学中开展了文化教学的相关研究，因此他们的研究相对更加深入和全面。以下是他们的一些观点。

（一）弗赖斯的观点

查尔斯·C.弗赖斯（Charles C.Fries）主张外语教学应侧重于语言的使用而非语法规则的记忆。他强调语言习得的自然过程，即通过听和说来学习语言。在文化教学方面，弗赖斯认为理解目标语言的文化背景对于有效的语言学习至关重要。他认为语言不仅是交流的工具，也是一种文化的体现，因此学习一门语言时也需要了解其所承载的文化价值和背景。他支持将语言学习与文化教学相结合，强调通过这种方式可以提高学生对语言的更深层次理解和使用能力。

（二）拉多的观点

拉多在外语教学领域提出了"对比分析假说"（Contrastive Analysis Hypothesis）。这一理论主张通过比较母语和目标语言的差异来预测学习难点，从而设计更有效的教学策略。在文化教学方面，拉多也强调了语言学习与文化理解之间的联系。他认为理解目标语言的文化是理解语言本身的关键部分,因为语言和文化是紧密相连的。拉多提倡在语言教学中融入文化元素,以帮助学生更全面地掌握语言,并提高他们的跨文化交际能力。

拉多在其文化教学理念中,将文化教学内容分为三个主要部分:行为文化(Behavioral Culture)、制度文化(Lnstitutional Culture)和心理文化(Psychological Culture)。行为文化关注的是行为层面的文化特征,如日常生活习惯、社交礼仪、饮食习惯、节日庆祝方式等。它涵盖了人们如何行动和互动,以及这些行为背后的社会和文化规范。制度文化涉及更宏观的社会组织和结构,如政治体系、教育系统、法律制度、宗教信仰等。这部分教学旨在让学习者了解和理解目标语言社会的制度结构和组织原则。心理文化着重于个体和群体的心理特征,包括价值观念、信仰、态度和感情等。这一部分帮助学习者理解目标语言用户的思维方式、情感表达和价值观念,以及这些因素如何影响他们的语言和行为。

(三)海姆斯的观点

戴尔·海姆斯(Dell Hymes)扩展了乔姆斯基的语言能力(Linguistic Competence)概念,提出了"交际能力"(Communicative Competence)。他强调,语言能力不仅仅是对语言结构的掌握(如语法、词汇),而且包括在特定社会文化情境中恰当使用语言的能力。这一观点扩展了语言学习的范围,不仅关注语言本身,还关注语言的实际使用情境。海姆斯的理论促进了语言教学从传统的以语法和词汇为中心转向以交际为中心。这种转变使得语言教学更加注重学习者在真实情境中使用语言的能力,强调实用性和互动性。海姆斯认为,理解和掌握目标文化对于实现有效的语言交际至关重要。这一观点推动了文化内容在语言教学中的融入,使得学习者不仅学习语言,还学习与该语言相关的文化背景、社会习俗和交际规则。海姆斯的理论强调了跨文化交际能力的培养。在全球化日益加深的今天,这种能力对于理解和尊重不同文化背景的人变得尤为重要，有助于促进不同文化之间的理解和交流。海姆斯的观点对语言教学方法和评估方式产生了深远影响。它促使教育者开发出更多以交际为导向的教学方法和评估工具，如角色扮演、情景对话和项目式学习等。

（四）克拉姆的观点

克莱尔·克拉姆（Claire Kramsch）在她的研究中探讨了语言、文化和身份之间的密切联系。她认为，语言不仅是表达思想的工具，还是构建和表达文化身份的媒介。克拉姆提倡在语言教学中采用批判性的文化教学方法。这意味着不仅要教授语言和文化，还要培养学生理解和批判语言中蕴含的思想、价值观和思考方法。她强调，学习者需要发展跨文化交际能力，这不仅涉及语言技能，还包括能够在不同文化之间进行有效沟通和理解的能力。这种能力要求学习者能够认识到文化差异，并理解不同文化背景下的行为和交际方式。

（五）杜思特伯格

约翰·德·弗朗西斯（John De Francis）特别强调语言学习和文化理解之间的密切联系，尤其在中文教学上。他认为，要真正掌握一门语言，学习者需要超越语言本身，深入了解与该语言相关的文化背景。他指出，语言不仅是一种沟通工具，还反映了一个民族的思维方式、历史和社会结构。因此，在学习中文或任何外语时，理解其文化背景同样重要。他还认为，通过结合文化学习，可以更有效地提升语言能力，并帮助学习者在跨文化交际中更加得心应手。

（六）查斯顿的观点

查斯顿（K.Chastain）认为语言学习与文化学习是密不可分的。语言不仅仅是一种沟通工具，而且是文化的载体，反映了特定社会的价值观、信仰、习俗和历史。因此，外语教学应包括对目标语言相关文化的教学。他强调在外语教学中需要培养学生的文化意识。这不仅意味着了解和学习目标文化的事实信息，还包括理解文化差异和发展跨文化交际技能。查斯顿提倡在外语教学中采用批判性的方法来探讨文化。这意味着鼓励学生不仅接受文化知识，而且对其进行思考和分析，理解文化现象的多样性和复杂性。他主张将文化教学与语言使用的实际情境相结合，强调实际语言使用中的文化因素。例如，通过角色扮演、情景模拟等活动，让学生在实践中学习和应用文化知识。查斯顿认为，外语教学的一个重要目标是培养学生的跨文化交际能力。这不仅涉及语言技能，还包括能够在不同文化背景下理解和适应不同的交际方式。

（七）斯特恩的观点

斯特恩（Stern）是一位对语言教学理论具有深远影响的学者。他提出将语言视为文化的一部分，强调语言学习与文化理解是相辅相成的。他认为，语言不仅仅是一种沟通工具，而是文化的一个组成部分，体现了特定社会的价值观、信仰和历史。因此，真正的语言学习应包括对目的语文化背景的深入了解。他倡导在外语教学中融入文化元素，认为这有助于学习者更全面地理解目标语言，并提高他们的语言应用能力。

三、中国大学英语教学中的文化教学

就目前而言，我国大学英语教学中的文化教学既有令人欣喜之处，同时也存在许多问题。下面将重点从三个方面分析当前中国大学英语教学中的文化教学。

（一）文化教学的理论研究历程

在中国早期实行的大学英语教育中，焦点主要放在语言知识的传授上，采用的核心教学方法是语法翻译法和听说法。教学内容主要集中于词汇和语法，目的是通过掌握这些基本知识来增强学生在听、说、读、写和翻译方面的技能。然而，在以考试为主导的教育环境中，学生往往被迫花费大量时间在死记硬背单词和机械练习上，而忽视了文化元素的重要性。这种过分强调语言知识而忽略文化内容的教学模式，导致学生在实际英语交际能力方面的明显不足。

随着社会进步和国际对文化教育的愈加重视，国内的外语教育领域也开始研究文化教学的不同方法、理论和模型。这一转变旨在加强文化教学的比重，帮助学生提升跨文化交际能力。总体而言，中国大学英语教学在文化教学研究方面经历了以下三个发展阶段：

1. 20世纪80年代

在这一发展阶段，中国的外语教育界逐步认识到在语言教学中融入目标语言的文化要素至关重要，并达成了共识。以胡文仲先生1982年在《外语教学与研究》上发表的《文化差异和外语教学》为代表，这是一篇专注于外语教学中文化教学的文章。从那时起，外语教育和教学领域开始深入探讨目标语言的文化内容。

在这个时期，文化教学的研究主要集中在介绍目标语言的文化，比如胡文仲编写的《跨文化交际与英语学习》和邓炎昌与刘润清合著的《语言与文化：英汉语言文化对比》等。在这些研究的基础上，学者张占一引入了"交际文化"这一重要理念。它指的是在不同文化背景的人进行交流时，因对特定词汇或句子的文化背景理解不足而引起的误解和冲突。

1990年，交际文化的定义得到了进一步的扩展，现在通常指涉及两种不同文化背景的人在交流时，所有那些能直接影响信息准确传递的语言和非语言文化要素。

2. 20世纪90年代初

自20世纪90年代以来，外语教学领域的研究重点已从宏观层面逐渐转向微观层面，特别是在探讨语言教学与文化教学之间的紧密联系时。这种趋势标志着对于文化因素在语言学习过程中重要性的深入认识，同时也凸显了文化教学在语言教育中的核心地位。随后，学者们提出了三种有效结合语言教学和文化教学的方法：从属关系、并行关系和融入关系，这体现了对语言与文化关系的多元理解和实践策略。这些方法均强调在语言教学中融入文化内容的必要性，旨在提升学生的语言掌握和文化理解能力。

在教授文化知识的方法与原则方面，主要提出了四种观点：文化导入说、文化揭示说、文化融合说和文化语言有机化合说。其中，文化导入说和文化揭示说尤为影响深远。文化导入方法包括直接阐释法、交互融合法、交际实践法和异同比较法，注重将文化知识直接融入语言教学。而文化揭示说则侧重于在语言系统中揭示隐藏的文化元素，如民族的道德标准、心理状态、价值观念等。

此外，文化内容的分类在教学中极为关键。文化被划分为表层文化和深层文化，前者包括日常生活习惯、风俗等，后者则涵盖价值观、生活态度、宗教信仰等。这种分类有助于在教学中更有效地介绍和探索不同层次的文化内容。

教学大纲和教材的编制也成了一个关键环节。随着对文化教学研究的深入，学者们开始着重考虑如何在外语教学中综合语言和社会文化内容，以此丰富学生的学习体验，并增强他们的文化理解力。为了促进语言和文化教学的有效结合，学者们提出了一系列具体的课堂教学建议。这些建议旨在改进课堂教学方法，确保学生不仅掌握语言知识，还能提升他们的文化理解和跨文化交流能力。

3．20世纪90年代后期至今

自20世纪90年代后期以来，外语教学领域的文化教学迎来了一个发展的高峰期。这一时期不仅在理论研究上取得了丰硕成果，而且在教学方法和实践应用方面也展现了诸多创新和进步。

首先，这个阶段最显著的特征之一就是新观点的提出。外语教学界开始更深入地探讨语言与文化学习对提升学习者个性的重要性。这一转变打破了过去将语言学习仅视为技能获取的观念，更加强调了语言教学在促进个体综合素质方面的作用。例如，"1+1>2"的理念强调了语言与文化教学在提高学习者综合素质方面的重要性。在文化教学方面，教师被鼓励关注两个关键层面：文化知识和文化理解。对于初级学习者，教学的重点应放在积累文化知识上；而对于高级学习者，则需要更多地侧重于深入的文化理解。同时，提出了包括文化包、文化旁白、文化丛、同化法、对比法在内的多种新颖文化教学方法。这些方法皆在更有效地将文化知识与理解融入语言学习过程。

这一时期的核心关注点围绕如何有效教授文化、培养学习者的跨文化交际能力，以及强调文化教学在外语教学中的必要性。同时，强烈提倡将文化内容融入语言教学中，例如通过文化导入方法将文化知识作为语言教学的一个组成部分。在这个过程中，教师需要逐步引入文化知识，并注意文化因素在交际过程中的重要作用。尽管如此，当前中国大学英语教学在文化教学方面仍存在一些挑战和不足。主要问题包括缺乏专门的文化教学大纲，这导致文化教学缺乏系统性，使学生接触到的文化背景知识呈现出零散和不连贯的状态。此外，受应试教育的影响，文化教学往往被边缘化，未能得到应有的重视。最后，目前的文化教学更多集中于教学方法本身，而缺乏对文化定势、文化偏见、文化层次以及文化与历史关联等深层次文化现象的研究和探讨。

（二）文化教学的实践发展历程

对于文化教学的实践发展历程，这里主要从两个层面进行分析：

1. 大学英语教学大纲对文化的关注

《大学英语教学课程教学要求》（2007年）作为高等教育中英语学科的核心指导文件，深受当时教育思想和理论的影响，旨在全面规划大学英语教学的方向和要求，涵盖了教学目标、内容、评估标准等多个方面。从中国历次发布的大学英语教学大纲中，我们可以明显地看到语言教学与文化理解之间的密切关联。

1962年，教育部首次发布了《英语教学大纲（试行草案）》。该大纲明确了大学英语教学的首要目标，即为学生未来的专业英语阅读提供坚实的语言基础。在那个时期，中国正在积极恢复和重建，英语教学的主要任务是提升学生的英语阅读能力，以满足未来专业学习的需求。

到了 1980 年，教育部发布了《高等学校理工科本科四年制试用教学大纲（草案）》。这份大纲进一步细化了大学英语教学的目标，分为两个主要阶段：一是基础英语阶段，重点在于为学生阅读科技类英文资料奠定坚实的语言基础。二是专业英语阅读阶段，旨在让学生能够顺畅阅读相关专业的英文文献。

通过这些教学大纲的演变，我们可以看到大学英语教学的逐步深化和专业化，不仅强调语言知识的传授，还注重提高学生的文化理解能力和专业英语应用能力。

1983 年，中国高考重新引入了英语科目，这一举措显著推动了全国高中英语教学的广泛普及。在这一背景下，为了应对新的教学需求和挑战，1985 年和 1986 年，中国国家教委分别颁布了两个重要的大学英语教学大纲，针对理工科和文科理科的本科教学。

首先，国家教委 1985 年颁布的《大学英语教学大纲（高等学校理工科本科用）》旨在为理工科学生的英语学习制订具体的教学目标。它明确提出了培养学生的综合英语能力，特别强调了提升阅读能力的重要性，同时也在一定程度上注重听力和翻译能力的培养，以及基本的写作和口语训练。这些技能的培养旨在使学生能够充分利用英语这一工具，获取专业领域所需的信息，并为他们未来进一步提高英语水平奠定坚实的基础。

随后，国家教委 1986 年推出的《大学英语教学大纲（高等学校文理科本科用）》在很大程度上与理工科的教学目标保持一致，但略有差异。该大纲同样强调培养学生的英语综合能力，尤其是阅读、听力、写作和口语能力，但没有特别强调翻译能力。这一调整反映了文科理科学生英语学习的特点和需求。

两个教学大纲的颁布标志着当时中国大学英语教育的重要发展。它们不仅提出了针对不同学科背景学生的教学目标，还为大学英语教学提供了明确的指导方针和标准。通过这些规定，大学英语教学能够更加有效地满足学生的学习需求，为他们的专业学习和未来职业发展打下坚实的语言基础。

■ 高校英语教学方法的理论分析与实践探索

根据上述两项教学大纲的内容可以看出，培养学生通过口头和书面进行交际的能力是语言教学的最终目标。语言能力与交际能力是两个完全不同的概念，二者不能等同。事实上，语言能力是交际能力的基础，但具备语言能力并不等于拥有交际能力。语言能力与交际能力之间的区分逐渐得到明确。虽然语言能力是交际能力的基础，但两者并不完全等同。拥有良好的语言能力并不意味着具备有效的交际能力。这种认识的转变推动了大学英语教学目标的调整。

自 1999 年起，随着大学生英语水平的普遍提升，大学英语教学的目标开始转向培养学生的英语综合应用能力，特别是提高听说能力。同时，教学目标还包括增强学生的自主学习能力和文化素养，以适应社会和国际交流日益增长的需求。

到了 2000 年，高职英语教学开始注重实用性和应用性，重点放在提升学生的语言应用能力上。这一转变强调了语言教学不仅要关注理论知识，还要重视实际应用。

2004 年，教育部办公厅印发的《大学英语课程教学要求（试行）》在中国高等教育英语教学领域具有里程碑意义。它不仅对大学英语教学的全面性提出了明确的要求，还为英语教育的未来发展指明了方向。根据这一教学要求，大学英语不仅被视作基础语言课程，而且是关键的素质教育课程。这一定位标志着对英语教育的全新理解和重视。教学要求中强调的全面性体现在几个方面。首先，大学英语课程包括英语语言知识的学习，如语法、词汇、发音等，这是学生掌握英语的基础。其次，课程强调应用技能的培养，包括听、说、读、写等能力，尤其注重实际应用场景中的语言运用能力。此外，学习策略的教授也是课程的重要组成部分，教学要求鼓励学生采用有效的学习方法和技巧，提高学习效率。更重要的是，课程特别强调了跨文化交际能力的培养。在全球化背景下，能够有效进行跨文化沟通是学生必不可少的能力。因此，大学英语课程不仅要教授语言知识，还要使学生了解和理解不同文化背景下的交际规则和文化差异，从而在跨文化环境中有效交流。此外，课程设计还特别考虑到文化素质的培养和国际文化知识的传授。这意味着教学内容不仅局限于英语国家的文化,还包括全球各地的文化知识,以提升学生的国际视野和文化理解能力。通过这种全面的课程设计,学生不仅能够提高英语水平,还能够培养成为具有国际视野和文化敏感性的全球公民。

2006年,教育部发布了《关于全面提高高等职业教育教学质量的若干意见》。在这份文件中,高等职业院校被明确要求遵循党的教育方针,致力于培养大量高素质的技能型专门人才,以服务于社会主义现代化建设。这一方针强调了高职教育的服务宗旨和就业导向。

这些教学要求的颁布,不仅强调了英语作为一门实用工具的重要性,而且将其定位为素质教育的重要组成部分,显示出教育理念的重大转变。大学英语课程的内容不仅包括语言知识和技能,还涵盖了人文方面的情感、素养和理想,体现出教育部门对语言教学与人文教育相结合的重视。这一转变标志着英语教学从单纯的语言技能传授扩展到了更全面的人文素质培养,强调了语言教育在培育全面发展的学生中的关键作用。

根据2000年教育部发布的《高职高专教育英语课程教学基本要求(试行)》,高职英语教学的核心是坚实的语言基础和实用的语言应用能力。这一教学目标既注重基础语言技能的训练,也强调英语实际运用能力,尤其在外事交流方面。

语言不仅是交流的媒介,它更是一种承载个体灵魂、情感、智慧和独特风格的载体。每种语言都独具一格,反映了不同的文化特质和民族视角。学习新的语言,意味着对新的文化和民族的了解与认识。因此,语言学习本质上也是文化学习的过程,是构建个人世界观的旅程。

从这一角度来看,高等教育的最新英语教学大纲是对以往教学模式的修正和完善。随着英语教育的广泛普及和社会的发展,大学英语教学面临新的挑战。教育部门正致力于调整教学目标,以适应这些变化。大学英语教学的重心正从单纯的语言知识和技能训练转向更加注重文化影响。目标是在提升学生英语水平的同时,全面提高他们的文化素养。

然而,尽管《大学英语教学课程教学要求》强调了英语文化学习的重要性,但在文化教学的具体内容、要求和评估方面仍然缺乏明确指导,使得文化教学在实际操作中往往显得次要。此外,目前的教学大纲在处理国际和外国文化时,默认以英美文化为主,而忽视了学习本国文化的重要性。这是当前高校教学大纲中的一个明显不足,值得教育部门关注和改进。

2. 大学英语教材中文化内容的分析

在文化全球化的背景下,跨文化交际能力已成为外语教学的核心目标。大学英语教材在培养学生这一能力方面扮演着关键角色。教材中的文化内容,特别是在以下几个方面,对学生的跨文化交际能力培养至关重要。通常而言,教材中的文化内容应该重点关注以下六个方面:

(1)社会身份与群体。教材应包括社会阶层、少数族群等内容,帮助学生理解不同社会群体的特点和互动方式。

(2)社会互动。重点关注互动的正式程度及群外人与群内人之间的互动模式。

(3)信仰与行为。涵盖宗教信仰、道德行为和国民特性等,通常体现在对历史与当代事件的思维定式中。

(4)社会及其制度。包括法律、秩序、医疗、地方政府、社会保障等,有助于学生了解不同国家的社会结构和运作方式。

(5)日常生活圈子。关注家庭、学校、工作等日常生活中的文化差异。

(6)国家历史、地理。理解一个国家的文化背景是不可或缺的部分。

在分析教材中的文化内容时,应考虑以下几个层面:①微观层面。包括教材中描述的人物活动场所、态度与价值观、社会背景等。②宏观层面。涉及更广泛的社会、历史、政治、文化背景。③国际性与跨文化层面。通过对比不同文化,引导学习者思考文化的国际性和跨文化问题。④个人层面。涉及教材作者的个人风格和观点。

教材内容的选择应基于准确性和当代性，避免陈旧的文化定势和意识形态偏见。文化事件的呈现应通过其结构和功能进行，而非孤立地展示。同时，材料应与当前社会现实保持相关性，确保学生能够将所学知识与实际生活联系起来。通过这种全面、多角度的文化内容展示，大学英语教材可以有效地帮助学生提高跨文化交际能力，为他们在全球化环境中的有效沟通打下坚实基础。

在外语教学中，教材的内容应该多元化，既包括目的语文化，也应涵盖母语文化。这种教材设计有助于学生通过学习和比较两种文化，培养跨文化交际所必需的敏感度和包容态度。然而，尽管当前大学英语教学中越来越重视提升学生的跨文化交际能力，文化教学的实际效果却常常不尽如人意。这主要是因为教学过程中深层次的文化障碍未能有效解决，特别是民族中心主义和母语文化缺失这两个方面的问题。要提高文化教学效果，必须从这两个层面入手，深入分析并打破这些文化教学中的障碍，以实现真正有效的跨文化交际能力培养。

第二节 大学英语教学中的文化障碍

一、民族中心主义

（一）文化优越感

在大学英语教学中，文化优越感是一个重要的文化障碍，其根源可以追溯到民族中心主义的倾向。1906年，社会学家威廉·萨姆纳首次提出了"民族中心主义"这一概念，其核心思想是将自己的民族和文化放在中心位置，并用自身的价值观评判其他文化。这种思维方式导致人们认为自己的文化理念和生活方式是最理想的,而其他文化是被视为次等或边缘文化。

持有民族中心主义倾向的人通常表现出以下特点:首先,他们坚信自己文化中的事件、行为和习俗是正确和自然的,认为自己民族内部的价值观和生活习俗普遍适用,对自己民族内部行为方式给予高度赞扬。其次,他们对外部文化保持一定的距离,尤其是在个体身份受到威胁或挑战时,这种倾向更为明显。在这种心态下,文化优越感不仅限制了人们理解和接纳不同文化的能力,还在跨文化交际中带来了显著的障碍。例如,在大学英语教学过程中,如果教师或学生持有文化优越感,他们可能在比较和评判其他文化前,已经预设了自己文化的优越性。这种假设导致他们形成了狭隘的社会身份感,并对其他文化持有固定的看法。这不仅影响了教学内容的客观性和多元性,还可能导致学生在跨文化交际中无法有效地理解和适应不同文化背景下的交流。

此外,文化优越感还可能导致教师和学生在教学和学习过程中忽视对其他文化的尊重和理解。例如,当教材中的文化内容过于集中于某一特定文化,而忽视了其他文化的多样性和复杂性时,学生可能会形成对其他文化的片面理解和刻板印象。这种情况在跨文化交际中可能导致误解和冲突。因此,为了克服文化优越感带来的障碍,大学英语教学中需要采取一些措施。首先,教师应在课程设计和教学方法上加强多元文化的融入和平等对待。其次,教学内容应包含对多元文化的全面介绍,鼓励学生从多角度、全方位了解和理解不同文化。同时,教学过程中应该强调文化多样性的重要性和价值,教育学生在跨文化交际中保持开放和包容的心态。

英语作为一种全球性语言,在当今世界扮演着极其重要的角色。其强势地位不仅体现了西方国家文化的影响力,还促进了这些国家软实力的全球扩张。然而,英语的普及对于非英语国家来说,往往伴随着一系列复杂的文化冲击和挑战。

英语的全球普及有助于西方国家文化理念和生活方式的全球传播。在经济全球化和信息时代的背景下,英语作为通用语言,为西方国家提供了一个有效的文化输出渠道。这种文化输出不仅限于语言本身，还包括与之紧密相关的文化价值观、思维方式和生活习惯等。因此，英语的普及在很大程度上推动了西方文化的全球传播和影响力的扩大。

然而，对于许多非英语国家而言，英语的普及可能带来一系列负面影响。首先，英语的传播往往伴随着西方文化的输入，这可能导致本土文化、思想和价值观受到冲击和淡化。尤其是在教育、媒体和互联网等领域，英语和西方文化的普及可能导致年轻一代对本土文化的忽视甚至丧失。这种文化侵蚀不仅表现在语言的使用上，更体现在生活方式、思维习惯和价值观念的改变上。

此外，一些观点认为，西方国家现在通过语言而非武力进行了一种更为隐蔽的文化入侵。这种文化入侵对全球许多弱小国家和民族的文化和身份构成了严重威胁。在全球化的大潮中，这些国家和民族在努力保护和传承自己的文化传统的同时，也面临着来自英语和西方文化的强烈冲击。

对于像中国这样的非英语国家，英语的普及同样具有双重影响。一方面，英语的普及有助于促进国际交流、提高国民素质，并在很大程度上改善了中国与世界接轨的软环境。例如，英语的普及有利于中国改革开放的深入推进，促进了国际贸易、科技交流和文化互鉴。另一方面，英语普及的潜在危险也在缓慢滋长，可能对中国的文化安全构成威胁。尽管有学者认为汉语的生命力足以抵抗外来文化的影响，但在全球化的大背景下，英语的普及对中国文化的影响仍值得关注和警惕。

英语的普及不可避免地带来了文化多样性的挑战和机遇。在这种情况下，如何平衡英语的全球影响力与保护和发展本国文化和语言，成为非英语国家面临的一项重要任务。要实现这一目标，就需要在教育、政策制定和文化传播等方面采取更为周全和审慎的措施。例如，在教育领域，应强化对本土文化的教学和传承，同时在学习英语的过程中，引导学生正确理解和评价不同文化。在政策制定方面，可以通过制定相关法律法规来保护本国文化遗产和促进文化多样性。此外，在文化传播方面，应鼓励更多本土文化内容的创作和传播，以此来平衡英语和西方文化的影响。

总之，英语作为全球性语言，在促进国际交流和文化多样性方面起着积极作用，但其普及也对非英语国家的本土文化带来了挑战。因此，非英语国家需要在享受英语带来的好处的同时，警惕其可能带来的文化风险，并采取有效措施保护和发展本国文化，以实现文化的多样性与和谐共存。

（二）文化定势

文化定势在大学英语教学中扮演着重要且复杂的角色。首先，我们来探讨这个概念的来源和定义。"定势"（stereotype）一词最早由沃尔特·李普曼（Walter Lippmann）在1922年提出，它指的是对某一群体的过于泛化和简化的认知，常被称为"刻板印象"。值得注意的是，这种认知既可以传达正面信息，也可能带有负面含义，涉及对群体成员的夸大期望或对其文化的过度简化态度。

了解定势的形成原因对于解决其在教学中可能引起的问题至关重要。首先，个体可能通过观察周围人群的行为举止习得这些文化定势。其次，由于与某些群体的接触有限，人们可能会基于有限的经验形成泛化的认知。此外，媒体也扮演着重要角色，通过电影、电视等传播渠道对文化定势的形成产生直接影响。

值得注意的是，文化定势与偏见之间存在差别。偏见通常是基于不公正的认知和情感成见，表现为口头歧视、规避态度和歧视行为。当定势中加入情感成分时，它可能发展成为难以改变的偏见。

在大学英语教学中，应对文化定势的策略尤为关键。教师应帮助学生理解目的语言国家或民族的深层文化，以减少文化定势的形成。同时，教育学生用辩证和发展的眼光审视西方文化，避免用过时或简化的思维看待当代社会和文化。此外，提升学生的跨文化交际能力也是至关重要的，这不仅促进了独立思维的形成，还提高了他们的跨文化交际水平。

文化随着社会进步而演化，不同的历史时期展现出不同的文化特征。在大学英语教学中，让学生深入理解目标语言所代表的国家或民族的深层文化至关重要，这有助于避免学生形成刻板的文化观念。如果学生仍然用过时或过于简化的视角来理解当代西方社会文化，沟通中难免会产生误解和偏差。因此，大学英语教学应鼓励学生以一种发展性和辩证性的视角观察西方文化，培养独立思考的能力，从而提升他们的跨文化交流技能。

二、母语文化缺失

（一）教学大纲漠视母语文化

学者爱德华·霍尔（Edward Hall）指出，学习外语的真正挑战不仅在于理解外国文化，更为关键的是在于深入理解本国文化。研究外国文化的目的在于更深入地理解自己的文化系统和活动状况，通过对比体验文化差异，激发对生活的兴趣。

了解和重视其他文化是认识本国文化的有效途径，这要求人们关注自己文化与他人文化间的差异。因此，在大学英语教学中，文化学习不应局限于英语国家的文化，而应包含对本国母语文化的学习。学习外语文化时应保持尊重态度，反对盲目崇拜，以免成为目的语文化的奴隶。

母语文化的重要性不容忽视。在学习任何外语时，都不应放弃对本国母语文化的学习。忽视母语文化是一种无知的表现。当前中国社会需要的是能够掌握双语或多语的人才，他们比只会说一种语言的人更能深刻理解和传承中华文化。因此，在大学英语教学中，应注重中华文化内容的教授和弘扬，确保学生在学习英语的同时，也能深入理解和珍视本国的文化遗产。

（二）英语教材对母语文化的漠视

在当前的大学英语教育中，教材内容设计往往存在一个显著的问题：过分偏重介绍以英语作为目的语的文化，而忽视了母语文化的重要性。这种偏重不仅影响了学生的跨文化理解能力，而且在某种程度上削弱了学生对自身文化的认同感。

大多数大学英语教材主要集中于创建一个以英语为中心的学习环境。这种设计理念的出发点是减少母语对英语学习的负迁移影响。然而，这种做法忽略了一个重要事实：母语文化是学生了解和比较目的语文化的基础。学生在没有自身文化背景的情况下学习英语，可能会导致对英语文化的片面理解，甚至产生文化认同的困惑。

理想的英语教材应该是全面的，不仅包括目标语言文化和本土文化材料，还应涵盖以英语为母语国家的文化以及学习者自身的文化。这种全面的教材设计有助于学生更好地理解英语，同时加深对两种文化的理解和认同。教师在教学过程中也需要意识到本土文化的重要性，积极地将其纳入教学内容，使学生能够在比较中学习，在对比中成长。

将本土文化与目标语言文化进行对比，有助于突出目标语言文化的独特性。通过这种对比，学生不仅可以更加深入地理解目标语言文化，还能够提升对本土文化的认识。这种深层次的文化理解对于提升学生的交际敏感度和跨文化交际能力至关重要。

然而，英语教材中对母语文化的忽视导致许多中国学生虽然英语水平不低，但在与西方人交流时无法展示出应有的文化素养和独立的文化人格。这种情况在文化交流中尤为明显，由于对中华文化词汇的英语表达不熟悉，学生在与外教讨论中国文化时往往遇到沟通障碍。例如，学生可能不知道如何用英语准确表达"三国""水浒""清明""端午"等中国文化元素，对中国历史、文学、建筑、信仰等方面的英语表述能力不足，这无疑限制了他们在跨文化交际中的表现。

此外，学生对母语文化的不理解和不重视导致他们在跨文化交际中难以有效传播和展示母语文化。这种文化的疏远不仅影响了学生的文化认同感，还可能导致他们在国际交流中失去发挥自身文化优势的机会。过分强调目标语言文化的英语学习可能使学生对自己的母语文化产生疏远心理，进一步削弱他们对本国文化的认识和尊重。

综上所述，为了提高学生的跨文化交际能力和文化认同感，大学英语教材设计应更加重视母语文化的融入与平衡。这不仅有助于学生在学习英语的同时深入理解和尊重自己的文化。教师在教学过程中应积极引导学生认识到母语文化的重要性，鼓励他们在学习英语的同时发掘和传承自身文化的价值。这种全面的文化教育方式将对学生的整体发展产生深远影响。

第三节 教学改革背景下的大学英语教学

为了有效地将文化内容整合到大学英语课堂教学中，以系统的方式逐步提升学生克服跨文化交流障碍的能力，教师在教学过程中需扮演积极的导向角色。本节将专注于探讨在教学改革环境下如何将文化元素与大学英语教学有效结合的原则和方法。

一、大学英语教学与文化相结合的原则

文化教学的内容应有机地融入大学英语教学的系统中去，使语言知识和技能的教授与文化的介绍同步进行，从而实现语言习得与文化习得的一致性。大学英语教学与文化相结合一般要遵循以下四项原则：

（一）交际性原则

在大学英语教学中，将文化教学与语言教学相结合的关键之一是实施交际性原则。此原则的核心在于强调文化教学的目的不仅是传递知识，更重要的是通过文化内容来增强学生的跨文化交际能力。

在这一教学实践中，教师应特别注意那些在语言表达上可能

相同,但在文化含义上存在显著差异的词汇和表达方式。这样的做法有助于学生在使用目的语时,避免因文化差异带来的误解或沟通障碍。例如,在解释"social security"这一术语时,教师不应仅仅停留在其字面意义上,而应深入探讨它在不同国家和文化背景下的具体含义及其文化内涵。这种教学方式将帮助学生理解同一词汇在不同文化中可能具有的不同意义,从而在跨文化交流中更为得心应手。

通过这样的教学策略,大学英语课程不仅提升学生的语言技能,还增强他们的文化敏感性和跨文化交际的灵活性。这种综合能力的提升,使学生能够更有效地适应并参与不同文化背景下的交际环境,从而在全球化背景下进行有效的跨文化沟通。

(二)对比性原则

在大学英语教学中,对比性原则是结合文化与教学的另一个重要方面。这一原则的核心在于引导学生有意识地比较和对照英语国家的文化与本国文化,以明确两者间的差异和相似之处。此原则的实施不仅加深学生对英语国家文化的理解和认识,而且促使他们更深入地理解和尊重多元文化视角。这种深度理解有助于学生避免单纯用本国文化标准来解读或评判外国文化,从而在认知上避免形成文化中心主义的倾向。

对比性原则在减少文化冲突、促进不同文化间的理解和尊重方面具有重要作用。通过了解和比较不同的生活方式、价值观和思维模式,学生可以更好地认识和理解文化差异,从而在跨文化交际中表现得更加敏感和得体。在大学英语文化教学中,交际性原则和对比性原则共同发挥着至关重要的作用。这两个原则不仅深化了学生对英语语言的理解,还显著提高了他们的文化敏感性和跨文化交流能力。实施这些原则能够帮助学生全面理解语言背后的文化含义,从而在全球化背景下更有效地进行沟通和交流。这种综合性的学习方式不仅促进了学生语言技能的提升,还为他们的全球视野和跨文化能力奠定了坚实的基础。通过这种教学方法，学生能够更好地适应多元文化的国际环境，并在全球舞台上有效地沟通和协作。

（三）灵活性原则

在大学英语教学中，灵活性原则的核心在于教师应根据学生的个别需求和能力采用多样化且富有创造性的教学方法，旨在提升学生的文化理解能力，并激发他们对学习的深刻兴趣和热情。具体而言，教师可以运用各种个性化教学策略，如小组讨论、角色扮演、互动式研讨会、专题讲座等，以增强学生的主动学习动力和参与感。例如，在小组讨论中，学生可以深入探讨与英语文化相关的各种主题，如文化差异、社会习俗、历史背景等，从而获得更全面的文化视角。角色扮演活动则让学生有机会模拟不同文化背景下的交际情境，从而在实践中提高语言运用和文化理解能力。

此外，教师应积极将文化教学拓展至课堂之外，通过组织丰富多彩的课外活动，如读书会、英语角、国际文化节等，来加强学生对文化内容的深入理解和实际应用能力。这些活动不仅提供了一个实际运用语言和文化知识的平台，而且通过生动有趣的形式，加强了学生对文化多样性的认识和尊重。

灵活性原则的实施确保了语言学习与文化理解的同步发展。通过参与这些多元化的教学活动，学生不仅能够在语言技能上取得进步，还能在跨文化交际中展现出更强的适应性和理解力。这种方法有效地促进了学生对不同文化背景的深入理解，为他们在全球化背景下的有效沟通与交流奠定了坚实的基础。总之，灵活性原则的贯彻实施不仅丰富了教学内容，还为学生创造了一个全面发展的学习环境。

（四）适度性原则

在大学英语教学中，适度性原则的贯彻实施是实现文化教学和语言教学有效融合的关键。这一原则旨在通过平衡的教学方法、精心挑选的教学材料和恰当的文化内容定位，提高教学效果，同时激发学生的学习兴趣和热情。

首先，教师应努力营造一个探究式和互动式的学习环境，以促进学生的主动学习和文化交流。这种环境通过激发学生的好奇心和探索欲望，鼓励他们积极参与文化学习。例如，教师可以利用案例研究、小组讨论和互动式演示等多种教学方式，引导学生深入探讨和比较英语国家与本国的文化差异，从而增强他们的文化敏感性和理解力。

其次，精心挑选具有代表性且多元化的教学材料对于文化教学至关重要。教材应涵盖广泛且普遍认可的文化主题，避免过分侧重于特定或边缘的文化现象。这种全面且平衡的教学内容选择有助于学生构建一个宽广的文化视野，并避免对任何特定文化产生偏见。在确定文化教学内容时，教师应考虑学生的接受能力和教学目标，适度选择文化教学内容。这要求教师既不过分深入复杂的文化议题，也不过度简化文化内容，以避免学生感到困惑或压力过大。针对文化障碍的教学也是适度性原则的重要组成部分。教师应关注当前学生面临的文化障碍，同时提前准备应对未来可能遇到的挑战，而不是无选择地广泛介绍文化背景。这种有针对性的教学方法有助于学生更有效地理解和适应文化差异。

最后，教学时间的有效管理对于确保文化教学的效率和实用性至关重要。教师应合理规划教学时间，确保文化教学内容既全面又精练，既能满足学生的学习需求，又能保障教学的紧凑和连贯。通过这样的教学策略，学生能够在有限的时间内达到最大限度的文化理解和知识吸收，从而在全球化背景下更有效地进行沟通和交流。

二、大学英语教学与文化相结合的方法

（一）对比分析法

在大学英语教学中，运用对比分析法结合文化与教学是一个有效的方法。这种方法通过将不同国家的语言文化与本土文化进行对

比，帮助学生深入理解两种文化系统中的行为和交际规则。通过这种对比，学生可以认识到两种文化之间的相似性，促进正向的学习迁移，同时对文化差异的认识有助于避免负向的学习迁移。例如，通过比较中西方的餐桌礼仪，学生可以更深入地理解文化背后的价值观和习俗。对比分析法要求教师不仅关注表层的语言形式对比，还要深入到文化的深层内涵，比如非语言元素的对比。这种方法有助于学生克服在英语习得过程中可能遇到的心理障碍，同时培养他们的文化知识和敏感性。通过不断地对比和分析，学生能够培养出对文化差异的敏感性和理解力，使他们更好地适应全球化的多元文化环境，并成为具有国际视野和文化敏感性的跨文化交际者。在比较两种文化时，教师的角色应是引导而非灌输，目的是让学生公正、客观地理解和处理两种文化的关系。为此，教师需要遵循以下原则：

（1）对待外来文化要保持客观和包容的态度，避免因民族主义情绪而导致对外国文化的排斥。

（2）在学习外国文化时，应该采取筛选和吸纳的方式，既要剔除不适合的元素，也不应盲目全盘接受而缺乏批判性分析。

在英语文化教学中，通过对比分析可以深入了解不同词汇、习语、语法结构和演讲风格的文化内涵和语用背景。例如，对于不同国家的人来说，同一词汇可能具有截然不同的文化含义。在中国，"喜鹊"象征着喜讯和幸福，而在西方文化中，"magpie"（喜鹊）则常被视为饶舌且带有贬义的象征。因此，在涉外交流中，使用某些带有特定文化内涵的词汇，如"喜鹊叫，贵客到"，对西方人来说可能是不礼貌的。通过这样的对比，学生能更好地理解和尊重不同文化的差异，避免文化交流中的误解和冒犯。

（二）课外体验法

课外体验法是一种通过将学生带入真实的语言使用环境中，以增强他们的语言实践和文化理解的有效教学手段。这种方法的核心在于为学生提供参与实际英语交际场景的机会，如国际文化交流活动、英语国家的展览参观或社区访问等，让学生能够将课堂理论知识应用于实际语境中。通过与以英语为母语者的交流或参与英语文化活动，学生可以更深入地了解英语文化习俗和生活方式。此外，参与英语剧目表演、辩论赛等动手操作活动，不仅能够增强学生的语言运用能力，还有助于培养他们的跨文化交际能力。通过这些真实的语言和文化体验，课外体验法旨在提升学生的语言技能和对英语文化的深刻理解，使英语学习过程更加轻松自然。

（三）媒体展示法

在日常生活中，电视、电影和电脑等媒介是人们频繁接触的信息源。学生可以利用这些资源深入了解西方的文化习惯、社会生活和常用语言。这些媒介不仅提供了对不同地区和社会阶层的语言特征的洞察，还展示了非语言沟通方式，如手势和面部表情等。特别是纪录片，对于学习和理解西方文化尤为重要，因为它们以直观生动的方式展现了西方社会的多样性。这样的视听材料为学生了解和学习西方国家提供了宝贵的视角和丰富的内容。

（四）文化测试法

文化测试法在融合英语教学与文化中扮演着评估和强化学生对英语文化知识的理解和掌握在教育中扮演着关键角色。这一方法的核心在于通过设计和实施测试来衡量学生对特定英语文化知识点的理解程度，以实现更广泛的教育目标。

首先，文化测试的设计常常包括一系列问题，这些问题涉及英语国家的历史、风俗、传统、社会习惯和日常生活等方面。其目标是评估学生对英语文化背景的深刻理解，帮助学生建立更加全面的文化素养。其次，文化测试采用多种形式，包括选择题、简答题、情景模拟等，以确保全面评估学生的文化理解能力。这种多样性有助于考查不同类型的知识和技能，使学生能够更全面地理解英语文化的多样性和丰富性。最后，文化测试不仅仅是为了评分，更重要的是通过测试结果给予学生反馈。教师可以组织课堂讨论，解释正确答案背后的文化含义，帮助学生理解并纠正错误，从而促进他们的学习和进步。此外，通过文化测试，学生可以更清晰地了解自己在文化知识方面的薄弱点，以便有针对性地加强学习，填补知识的空白，提升综合素质。最重要的是，文化测试法有助于增强学生的文化意识，加深他们对英语文化的认识，从而提高跨文化交际能力。这将为培养具备更高水平国际视野和文化敏感度的学生打下坚实基础，有助于他们在未来的国际交往和职业发展中表现更加出色。

文化测试法在大学英语教学中扮演着不可或缺的角色，通过结构化的评估方式，有效地帮助学生深入理解和掌握英语文化，实现文化和语言技能的同步提升。这一方法不仅有助于学生的学术发展，还培养了具备跨文化交际能力的全面人才，为他们的未来国际交往和职业发展铺平道路。

总之，大学英语文化教学是一个较为复杂的课题，教师应当多维度、深层次、系统地进行文化知识的教学。

第四节　跨文化交际下的英语教学分析

一、中外文化的基本特征

关于文化的基本特征，中西方文化都有传承性、二元性等特点，但由于中西文化发展的社会背景不同，因此也表现出不同的特征。

（一）中国传统文化的基本特征

中国的传统文化源远流长，主要起源于内陆河流域的独特自然环境，形成了独特的"大陆文化"特质。这种文化不仅是地理环境的产物，也是生活习惯、宗教信仰和地域情感共同塑造的结果。中国传统文化的核心特征可概括为以下五个方面。

第一，中国文化展现出显著的统一性。尽管历史上经历了多次政治和经济的变迁，文化的核心统一线索始终未曾断裂。中国文化以华夏文化为核心，融合了各民族文化的精髓，特别是在民族危急时刻，传统文化的统一性发挥了关键作用，这是中国文化与其他文化的独特之处。

第二，中国传统文化的延续性。中国文化源远流长，即便是在政治动荡时期，文化传承也未曾中断。儒家思想作为文化的主要支柱，一直影响着中国人的思想和行为，显示出中国传统文化的稳定性和持久性。

第三，中国传统文化强调"中庸之道"，这一理念来源于古代儒家的学说，对社会关系的稳定和平衡起到了重要作用。因此，中国人在教育和社会行为中，仍然强调中庸之道，追求大方得体和态度平和。

第四，中国传统文化的乡土性是中国文化的一大特色，使其成为一个富有鲜明地方特色的文化体系，反映了中国广袤土地上不同地域的文化繁荣和丰富多彩的文化传统。乡土性让我们更好地理解和尊重中国各地的文化多样性，也为我们在研究和传承中国传统文化提供了丰富的资源和深厚的内涵。在全球化的背景下，乡土性也帮助我们更好地传播和分享中国文化的精髓，促进文化的多元交流和互动。因此，中国传统文化的乡土性是中华民族传统文化宝库中的一颗璀璨明珠，值得我们倍加珍惜和传承。

第五，中国传统文化的非宗教性。这种文化特征并非源自宗教信仰，而是根植于生产活动中的实际体验。在长期的社会发展过程中，人与人、人与自然的相互作用促使人们积累丰富的生产经验，进而演变为文化现象。这种非宗教性的文化属性主要由深厚的人文精神所塑造，其核心并不依赖于任何形式的宗教信仰，而是基于实际生活经验和人际关系的深刻理解。

（二）西方文化的基本特征

西方文化深受其海洋环境的影响，呈现出独特的特点。这种文化与欧洲地理特征密切相关，例如多山的地形和资源相对匮乏的土地，促使西方文化重视掠夺资源、对外扩张和商业竞争。以下是西方文化的四个核心特征。

第一，海洋性质。西方文化大多源于海洋地区，适应了变幻莫测的海洋气候。这种环境孕育了西方人冒险和扩张的性格特质。

第二，宗教影响。西方文化深受宗教的渗透，如古希腊神话对生产生活的影响。在希腊文化中，每一方面的生活都与神明相联系，体现在人们的祭祀和供奉行为中。这种文化特征强调个人生命力和精神价值。

第三，理性追求。西方文化强调理性和逻辑，科学和法律是其文化的重要组成部分。理性精神对西方文化产生了深远的影响。

第四，个体主义。西方文化强调个人的价值和尊严，特别是在文艺复兴时期和18世纪的启蒙运动中，人们开始提倡"天赋人权"和人人自由平等的观念，个体成为社会结合的基础。

二、跨文化交际

跨文化交际是指源自不同文化背景的群体间的沟通，这种交流可以发生在不同的文化层次和意义上。文化研究是一个动态的、持续演变的领域，其研究视角随着时代的变迁而变化。无论是从东方或西方的视角出发，文化研究都与当前的政治需求、经济趋势和教育体系紧密相连，这些因素共同推动文化研究向多元化方向发展。跨文化交际的研究通常关注如下五个方面。

（一）国别文化

国别文化是跨文化交际研究的一个核心视角，着重考察不同国家之间的文化差异。每个国家都有其独特的价值观、习俗、社会制度和历史传统，这些因素共同塑造了国别文化。国别文化研究关注的问题包括语言、礼仪、价值观念、政治制度等方面的差异。例如，中西方在礼仪观念、沟通方式、时间观念等方面存在明显差异，这些差异在国际交往中会影响沟通和互动。

（二）地域文化

地域文化考察的是不同地理区域内的文化差异。地域文化可以跨越国界，例如，欧洲东部和西部的地域文化有明显的差异，就像中国的北方和南方文化也有其独特之处。这种文化差异常常受到地理环境、气候和资源分布等因素的影响，反映在饮食、服饰、建筑风格、生活方式等各个方面。

（三）通俗文化

通俗文化研究关注流行文化和大众文化，包括音乐、电影、电视、流行艺术和娱乐等方面。通俗文化通常是广泛传播的文化现象，具有大众吸引力。研究通俗文化有助于理解不同文化间的娱乐和文化消费差异，以及大众文化如何影响人们的价值观和生活方式。

（四）大众文化

大众文化强调社会中普遍接受的文化元素，如习俗、价值观和时尚等，通常受到媒体、广告、社交网络等传媒方式的影响。大众文化是跨文化交际中一个重要的考察对象，因为它在全球范围内传播广泛，也是文化交流和文化冲突的焦点之一。

（五）宗教文化

宗教文化研究探讨不同宗教对文化的影响以及宗教在文化交往中的作用。不同宗教信仰体系塑造了信徒的道德观念、仪式、节庆和社会行为规范。在跨文化交际中，由于宗教文化的价值观和信仰体系的差异，常常涉及到宗教间的对话和争议。

三、跨文化交际教学中的困难

在跨文化交际的教学中，学生的英语学习面临着各种挑战，特别是在理解语言符号方面。这些挑战可以从以下两个主要方面加以分析。

（一）语言符号的理解难度

首先，理解语言符号的顺序对意义的影响是一个挑战。例如，相同的词语在不同的排列中可能表达截然不同的意思。比如中文中的"屡败屡战"和"屡战屡败"，尽管使用相同的词，但顺序的改变导致了含义上的明显区别，前者通常有褒义，而后者则带有贬义。类似地，"小王跟小李过不去"与"小李跟小王过不去"，其表达的责任归属也完全不同。这展示了即使是相同的词汇，在不同顺序下也可能产生语义差异。

其次，同一语言符号在不同语境中可能具有不同的含义。例如："明天他要来这里"这句话中的时间、地点和人物都可能随语境而变化。类似地，"送货上门"这句话的具体含义取决于双方对"门"的理解；"汽车前边有一束花"中，花可能在车上，也可能不在车上。

（二）学生的语用能力有待提高

语用能力是语言能力的重要组成部分，但需要明确的是，仅仅拥有强大的语言能力并不一定代表拥有强大的语用能力。在外语教学中，我们应该重点培养学生的交际能力，其中的核心部分就是语用能力，包括语用语言能力和社交语用能力。

语用能力建立在语法规则之上，涉及在特定语境下正确使用语言以实现特定的交际功能。而社交语用能力更进一步，要求学生能够根据社会文化规则进行得体的交际，特别是在跨文化环境中需要特别注意语用差异。学生需要正确理解和应用语用知识，以便能够捕捉话语字面意义之外的语用含义和间接信息。

语用能力的应用范围广泛,包括称呼语的选择、言语行为的方式(如邀请、拒绝、批评、寒暄、请求)等等。因此,培养语用能力对于学生在外语交流中取得成功至关重要。在外语教学中,我们应该致力于帮助学生不仅能够流利运用语言,还能够在各种社交情境中自如地表达自己,理解他人,并尊重不同文化中的语用规则和习惯。这将有助于提高他们的交际效能和跨文化交际能力,从而更好地适应全球化时代的多元文化社会。

第五章　全面发展理念下的英语个性化教学方法

第一节　差异教学策略与大学英语个性化教学

一、差异化教学策略中的基本活动要素

教学活动涉及教育者运用特定的教育手段，将教育内容有效地传递给受教育者。因此，教育者、受教育者、教育内容以及教育手段构成了教学活动的四大核心组成部分，这四者缺一不可。本文所探讨的教学活动专指在学校环境中进行的教育过程，特别是针对高等学府的英语教学。

（一）教育者

在学校的教学活动中，教育者即为教师。教师在高校英语教学中扮演着重要的角色。他们不仅是知识的传递者和教学活动的组织者，还肩负着引导学生全面发展的重任。在全面发展理念的指导下，教师的职责不仅限于遵守教育法律和职业道德，还包括执行教学计划、开展多元化教育。这种多元化教育不仅涵盖学科知识的传授，还包括思想品德教育和科技教育等方面。

教师的职责还包括关注学生的个性化需求和全面发展。在教学过程中，教师需要尊重学生的多样性，采取能满足学生个性化需求的教学方法。同时，教师应不断提升自身的教学技能和思想政治觉悟，确保能够有效地应对教学中的各种挑战。

（二）受教育者

在学校教学活动中，学生是受教育者。作为教学活动的中心，学生的多样性和主体性是高校英语个性化教学的关键要素。在学习过程中，学生不仅是被动的知识接收者，更是学习的主体。每个学生都有其独特的学习背景、兴趣、能力和面临的问题。

相对于教育者，受教育者的特点比较复杂。首先是个体差异性。学生的个体差异是影响教学过程和结果的关键因素。这些差异可能表现在多个方面，包括但不限于认知风格、学习能力、文化背景、语言水平和个人兴趣。其次是社交和情感发展。学生的情感状态、人际关系和社交技能都会影响他们的学习态度和效果。再次是自我导向学习能力。这种能力指的是学生主动探索、批判性思考和自我调整学习过程的能力。最后是技术使用能力。随着数字化学习工具和资源的普及，学生需要具备基本的信息技术使用能力，以有效地利用这些工具来支持自己的学习。

（三）教育内容

教育内容是教学过程中传授和探讨的主题和材料的总和。它是教育过程的核心部分，涵盖了学生在学习过程中所接触和学习的各种知识和信息。

教育内容首先包括了一系列知识体系。这些知识体系可能涉及各种学科和领域，如数学、科学、语言艺术、社会学、历史等，它们构成了学生必须学习和理解的基础知识。除了纯理论知识外，教育内容还包括各种技能和能力的培养，例如批判性思维、解决问题的能力、沟通技能和团队合作能力等。这些技能对学生未来的学术和职业生涯至关重要。教育内容还旨在培养学生的价值观和态度，如诚信、责任感、尊重和好奇心等。通过教育，学生不仅学习知识，还学习如何成为负责任和有道德的公民。教育内容还包括对文化、社会和环境的认知和理解，这有助于学生对自己所处世界的深入理解，并培养他们的全球视野和跨文化沟通能力。教育内容应具有适应性和时代性，即它应根据社会变化、科技进步和学生需求的变化而不断更新和调整。这确保了教育内容始终与现实世界紧密相连，满足学生的实际需求。

（四）教育手段

教育手段是指在教学过程中使用的各种工具、策略和方法，旨在促进和优化学习过程。教育手段包括用于支持学习和教学的各种物理和数字工具。这些可以是传统的教材、参考书籍、黑板和教学用品，也可以是现代化的资源，如互联网、多媒体内容（视频、音频等）、交互式白板和在线学习平台。教育手段还涵盖了教学策略和方法，这些策略和方法是为了促进有效学习而设计的。它们包括讲授法、讨论法、合作学习、项目式学习、翻转课堂和小组讨论等。这些方法可以根据学生的需求、学习风格和教学目标进行调整和组合。教育手段还包括用于评估学生学习成效的工具和方法。这些评估工具可以是传统的考试和测验,也可以是更现代化的形式,如作品集评估、同行评审、自我评估等。有效的反馈机制是教育手段的重要组成部分,它帮助学生了解自己在学习过程中取得的进步以及需要改进的地方。随着教育技术的发展,将新技术融入教学成为教育手段的一个重要方面。这包括使用在线资源、虚拟现实、增强现实、游戏化学习等,以增加学习的互动性和吸引力。教育手段还包括创造适合学习的环境和情境。这意味着创造一个鼓励探索和实验的物理空间,或者通过情景模拟和案例研究来提供实际的学习体验。

二、英语差异化教学策略的目标和要求

差异化教学策略在英语教学领域的实施,源于对学生个体差异的深刻理解和尊重。其核心理念在于满足每位学生的独特需求,促使他们在现有基础上实现最佳发展。这种方法考虑到学生在年龄、性格、认知方式、生活环境等方面的不同,因此强调在教学目标、内容、过程、评价以及教学资源的使用和开发上体现这些差异。英语课程的目标不仅仅局限于教学内容本身,更深入地涉及学生的全面学习和发展。这包括语言技能、语言知识、情感态度、学习策略和文化意识等多方面。差异化教学旨在引导学生在现有水平上取得更大进步,并形成积极的发展趋势。

为实现这一目标,教师必须深入了解学生的个体差异。这意味着教师需要认识到学生的不同学习风格、兴趣点、能力水平以及他们面临的特定挑战。基于这种了解,教师能够提供适合各种学习需求的资源,包括定制化的学习材料、灵活多变的教学方法和个性化的评估方式。

在学生的发展过程中,教师扮演着至关重要的引导者和促进者角色。他们不仅是知识的传授者,更是学生学习路径的引导者和激励者。通过课程标准与差异化教学理念的有机结合,教师可以为每位学生提供量身定制的学习内容,确保每位学生都能在英语学习中取得最大的成长和发展。

英语差异化教学的具体目标和要求应围绕促进学生的个性化学习和全面发展展开。这不仅包括提升语言技能,还涉及培养学生对英语文化的理解、提高情感态度和学习策略,最终实现学生在英语学习上的自我超越。

三、差异化教学策略在个性化教学中的实施

(一)差异化教学准备环节的策略

1. 立足"最近发展区",制订差异化教学目标与内容

在教育心理学中,学生的"最近发展区"是指他们目前能力水平与即将达到的能力水平之间的区域。这个概念帮助我们理解,学生不仅应被赋予与其当前能力水平相符的任务,还需要适当的挑战来激发其潜在能力。传统的教学方法,如仅仅将简单的任务留给成

绩较差的学生,或者将难题留给学习好的学生,常常忽视了学生在适当挑战下的潜在进步空间。根据"最近发展区"的理念,本书建议教学目标和内容应基于学生的实际能力,并略高于他们当前的水平。这种方法可能与传统依赖教材设定的教学目标相悖,但更有助于学生的个性化和全面发展。通过为学生设定略高于其当前能力的目标,可以激发他们的学习兴趣,促进他们在认知和语言能力上的发展。

在这种教学方法中,教师的角色至关重要。在英语课前,教师应全面了解每位学生的能力水平,并准确把握他们的"最近发展区"。这要求教师不仅关注学生的现有能力,还要观察他们未充分发挥的潜力。教师可以通过多种方式来了解学生的能力和潜力,例如观察、评估、一对一访谈等。基于对学生"最近发展区"的理解,教师可以制订出既符合学生实际水平又略高于学生现有水平的教学目标和内容。这种教学策略旨在通过适度的挑战激励学生,鼓励他们通过努力达到更高的学习成效。例如,对于英语学习,教师可以根据学生的语言水平为他们设计适当难度的阅读材料、写作任务或口语练习。

通过这种教学方法,学生不仅能够巩固当前的学习水平,还能被鼓励去探索和挑战尚未达到的更高水平。这种教学策略有助于学生在英语学习中实现更快的进步,同时也培养了他们的自主学习能力和问题解决能力。

2. 注重学生差异表现,制定个性化教学策略

在当今的高校英语教学实践中,教师面临的一个关键挑战是如

何有效应对学生之间的个体差异。这些差异可能源于学生的兴趣、态度、成就动机等多种因素,对学生的学习方式和效果产生深远影响。因此,教师在设计和实施教学计划时,必须重视并尊重每位学生的个性。这种对个体差异的关注不仅是教育公平的体现,更是提升教学质量和效果的关键。

首先,教师需要在教学准备阶段充分考虑学生的三个主要差异表现:学习风格、多元智能和个性特征。例如,有些学生可能更喜欢通过视觉材料学习,如图表和视频,而其他学生可能更倾向于听觉学习或实践操作。了解这些差异可以帮助教师设计出更具包容性和有效性的课程,确保每位学生都能以适合他们的方式学习。

进一步来说,个性化教学策略的采用对于促进学生的深度学习尤为关键。教师可以根据学生的学习风格和智能类型采用多样化的教学方法。例如,对于偏好听觉学习的学生,教师可以更多地使用讲解和讨论的方式;对于视觉型学生,则可以使用图表、视频和演示等方法。此外,动觉类和触觉类学习者可以通过角色扮演、模拟活动或实验进行深度学习。这种多元化的教学方法不仅有助于满足不同学生的需求,还能激发学生的学习兴趣和主动参与度。

(二)差异化课堂教学环节的策略

为了提升高校英语教学中差异化教学的效果,本书认为核心的着力点应该放在课堂教学环节。课堂不仅是差异化教学策略实施的主要舞台,其效果的体现也主要来源于此。在高校英语教学中,要有效地提升差异化教学的成效,本书建议可以从以下六个方面入手:

■ 高校英语教学方法的理论分析与实践探索

1. 科学的弹性分组

本书认为，科学的弹性分组是实现差异化教学的一种重要方式。通过科学的对学生进行分组，可以更好地根据他们的需求、兴趣和学习动机来设计教学活动。分组的形式可以是同质的，也可以是混合不同能力和兴趣的学生，以促进学生之间的相互学习和支持。重要的是，这种分组既可以由教师指导，也可以让学生根据兴趣或学习目标自主选择。

在进行弹性分组前，教师需要对学生进行细致的调查和分析。这包括了解他们的兴趣、学习动机、记忆和理解能力，以及他们的学习基础和态度。这种深入的了解有助于教师更有效地分组，并设计出更加适合每个小组的教学内容和方法。

弹性小组的一个关键特点在于它们不是固定不变的。随着学生学习进展和需求的变化，小组的构成和任务可能需要调整。这要求教师持续观察学生的表现和发展，以确保小组设置始终符合学生的当前需求。

实施差异化教学策略对教师提出了更高的要求。教师需要在充分理解教学大纲和教材内容的同时，更加关注学生的个体差异。他们需要激发学生的学习积极性，挖掘学生的潜力，并引导学生积极参与到弹性分组中。通过小组互动，学生可以实现知识和技能的互补，共同进步。

2. 让每个学生都有机会

这一理念同样适用于英语教学。我们的目标应该是确保每位学生都能在英语课堂上获得发光发热的机会。为实现这一目标，教师在教学过程中需要综合考虑班级内不同水平的学生——低、中、高三个层次，确保在设计问题和教学任务时既符合他们的学习目标，又适应他们的学习能力和内容需求。

对于那些学习目标明确、学习能力较强且知识面广的学生，教师应在课堂上为他们提供更多与教学内容相关的材料，引导他们学会如何归纳、整合和分析这些材料。然而，需要认识到，这样的学生在班级中并不占多数。大多数学生的知识储备相对有限。因此，本书认为，英语教师在设计每个问题或任务时，应遵循由浅入深、由简到繁的原则，逐步引导学生，使每一位学生都能在问题解决或活动参与中找到自己的位置，拥有思考的空间。这样，每位学生都有机会进行思考和发言，真正实现教育公平的目标。

3. 对特殊学生给予特别关照

在高校英语教学中，针对学生的不同需求实施分层教学变得至关重要。特别是对于那些因其独特的学习需求和情绪状态而被视为特殊的学生群体，教师应给予更多的关注。这些学生可能在学习中遇到特殊挑战，如理解难度大、记忆力差，或情绪波动影响学习效率。对于这些学生，教师应采取针对性的强化训练，并在训练后给予积极的评价，以激发他们的学习热情和尝试精神。同时，教师还应注意调整学生的情绪状态，特别是对于那些情绪体验较为消极的学生，以促进他们的整体学习效果。

此外，差异化教学并非只针对学困生，对于基础扎实、学习能力强的学生，教师同样需要采取不同的教学策略，为他们提供更高层次的学习机会。这种教学方式的根本目的是认识到并承认学生间的差异,并采用相应的教学方法来满足不同学生的需求。因此,无论是学困生还是优秀生,教师都应努力满足他们各自的学习需求,帮助他们在英语学习的道路上取得进步。

4. 差异化教学法指导

《淮南子·说林训》云:"授人以鱼,不如授人以渔。"这意味着教授知识本身不如教授学习知识的方法更为重要。鱼象征着短暂的满足,而钓鱼的技能则代表着长期的自给自足。同样,在学习过程中,我们的目标不仅仅是传递知识,更重要的是培养学生的独立思考和解决问题能力。考虑到课堂时间的局限性,我们必须超越传统的教学模式,引导学生在课堂之外寻找更广阔的学习天地。

(1) 课前预习方法指导。预习是培养自学能力的关键。在布置预习任务时,教师应根据学生的不同水平提出相应的要求。预习方法包括扫除障碍法、符号圈点法和习题试解法等,但关键在于适应学生的个性化需求,而非一刀切。

(2) 课堂学习方法指导。有效的课堂学习方法包括认真听讲、带着问题听课、教会学生提出问题、引导学生积极参与以及养成记笔记的习惯。针对不同水平的学生,教师应提出不同的要求,如对学困生关注其知识掌握程度,对中等生强调提出问题的重要性,而对优等生则鼓励他们进行深入的思考和探索。具体来说,教师应鼓励学生在课堂上采取主动学习的态度,积极参与课堂讨论。这可以通过提出开放式问题、组织小组讨论或者角色扮演等互动活动来实现。教师应指导学生如何有效地记录笔记,这包括教授学生如何区分关键点和次要信息,如何使用图表和概念图来组织信息,以及如何通过自己的话来复述学习内容，这有助于加深理解和记忆。

（3）课后反思总结指导。作业是巩固知识的重要环节。教师应指导学生如何高效地进行作业，如先复习书本再动手做作业。单元学习结束后，教师应指导学生进行分层次的复习和总结，帮助不同水平的学生根据自己的需求理解、记忆并整理知识，尤其是帮助优等生进行知识的整合和深化。

5．安排差异化辅导

传统的班级授课模式虽然具有普遍性，但在满足学生个体差异方面存在一定的局限性。鉴于班级授课通常只有45分钟，而学生们在思维方式、认知风格和学习基础上的差异导致他们在这段有限时间内对知识的吸收速度和理解深度各不相同。因此，教师在实施差异化教学策略的同时，也应该在课后提供针对性的差异化辅导。

差异化辅导需要根据学生的具体情况采用不同的方法。对于那些学习态度存在偏差的学生，重点在于纠正他们的学习态度并提供适当的学习方法指导。对于成绩较差的学生，则需要重点解决他们的学习难题，帮助他们弥补知识漏洞。而对于优秀学生，教师应着重于提供更深层次的知识拓展和提升。由于学生在理解能力、思维能力、基础知识技能、学习方法和兴趣等方面存在显著差异，他们对教学内容的适应性也各不相同。因此，教师需根据不同学生的特点，制订和实施相应的辅导方案，以确保每位学生都能得到有效的学习支持。

6．布置差异化作业

在高校英语教学中，作业扮演着不可或缺的角色。它不仅是检测学生学习情况的重要手段，更是巩固和深化学生对知识理解的桥梁。

然而，当前教育实践中普遍存在的一个问题是学生对作业的厌恶。这种厌恶往往源于作业内容的单一性，不符合学生个体的需求，难度过高或者与学生的实际能力不匹配。

为了解决这一问题，差异化教学理念应运而生。差异化作业是指教师根据学生的不同需求和能力水平，分层次地布置作业。这种方法不仅能够帮助学生巩固基础知识，还能提高他们完成作业的积极性，从而更好地促进学习效果。

具体来说，教师可以将作业分为几个不同的板块，以适应不同水平和目标的学生。例如，对于基础较弱的学生，可以布置基础知识巩固类的作业；对于能力较强的学生，则可以布置能力提高类型的作业。此外，还可以通过实战演练和能力拓展类作业，帮助学生在实际应用中提高语言能力。

除了传统的书面作业，开放性作业也是差异化教学的重要组成部分。在条件允许的情况下，教师可以布置利用多媒体交流、阅读英语杂志、进行网上调查等形式的作业。这些作业可以是课件、网页设计或小论文等形式，不仅激发了学生的学习兴趣，还促进了课堂内外的交流与共同进步。

（三）差异化教学评价环节的策略

课堂教学评价不仅具有鉴别和总结课堂教学质量的重要功能，更关键的是，它对促进教师和学生的持续发展具有显著的形成性作用。评价的内容与方式（"评什么，怎么评"）直接影响教师的教学方法（"怎么教"）和学生的学习策略（"怎么学"），从而在素质教育的实施进程中发挥着至关重要的作用。为了最大化发挥教学评价的效能,以进一步促进教师与学生的全面发展并提升英语教学的整体质量,本书提出了一系列相应的评价举措,并对其进行了初步构建。

1. 学生评价要尊重差异

在英语教学领域,学生的个体差异显而易见。这些差异不仅受智力因素的影响,还受到非智力因素的影响,如情感、动机和社会环境。这些差异是客观存在的,且不可避免。在这种情况下,教师的角色不应是用统一的标准来衡量所有学生,而应首先承认并尊重每个学生的独特性。通过采用多元化的评价标准,教师可以更好地识别和培养每个学生的独特潜能和个性,从而促进他们的全面发展和可持续成长。

在教学实践中,这意味着教师需要开发和实施精心设计的教学计划和评价策略。这些策略应当灵活多变,能够预见并适应不同学生的学习需求,从而体现对每个学生的特别关心与关注。这种个性化的评价方法不仅是对学生能力的认可,也是对他们个性的肯定。这种教学方式有助于建立一个积极、包容的教学环境,在这个环境中,每个学生都被鼓励展示自己的独特才华,并在学习过程中得到个性化的支持。

2. 评价主体要多元化

在现代教育体系中,评价机制的多元化变得尤为重要。传统的评价方式通常以教师对学生的单向评价为主,但在差异化教学的背景下,评价的主体应当更加多元和全面。

(1) 教师评价。教师的评价在所有评价中占据核心地位,它直接影响着师生关系以及学生对学习的兴趣。在差异化教学中，教师评价的作用不仅仅局限于诊断和评定，还包括了调控和激励。教师评价应当超越传统的学业成绩评价，从多个角度全面观察学生，包括独立思考能力、知识掌握程度、问题解决能力等。同时，教师也需要重视学生的学习过程和体验，关注学生在课堂交流、合作中的表现，以及他们的创新精神和实践能力。

（2）同伴评价。在分组学习过程中，同伴评价起到了重要的补充作用。学生们在活动中根据同伴的表现，指出彼此的优点和缺点。在这一过程中，教师的角色至关重要，需要指导学生发现并展示彼此的"闪光点"，避免仅指出缺点。通过这种方式，学生学会欣赏和鼓励对方。同时，同伴评价也能够为教师提供更加贴近学生实际的反馈，有助于教师的评价更加全面和准确。

（3）家长评价。家长不仅是孩子的第一任老师，也是孩子成长过程中不可或缺的评价者。家长应与教师加强沟通，共同促进孩子的成长。在家庭环境中，家长的评价对孩子的行为、进步和问题至关重要。家长的肯定和引导可以有效地补充学校教育，形成家校合力。教师和家长一致的评价对学生的正向发展起到事半功倍的效果。

（4）自我评价。学生的自我评价是差异化教学中的关键环节，涉及对自己思想、愿望、行为及个性特点的反思。正确的自我评价能够促进学生积极参与学习，平衡人际关系，有利于学生了解自己的长处和弱点，从而促进个人的全面发展。

3. 评价方式要多样化

差异化教学的评价方式应当是个性化的，不仅涵盖了评估工具、方法、操作流程和内容，还包括学习成绩、特长才能、进步幅度、学习适应能力，以及综合素质等多元化的评价要素。这种评价方法能够更全面地揭示学生的真实水平，并且促进他们按照自己独特的方式成长发展。

（1）分数和等级评价。虽然分数评价能够以简洁的数字形式呈现复杂的教育情况，但它也忽略了学生个体之间的差异，从而失去了教育的核心意义，并阻碍了学生在某些领域的成长与自我完善。因此，在教学实践中，我们应将分数评价与其他多样化的评价方法相结合，以实现对学生更合理、更准确的评估，从而有利于他们的全面发展。等级评价（如"优秀""良好""达标""待提高"）通过一系列分类标准展示学生的学习情况，其评估不再单纯依赖分数。这种评价方式鼓励学生更加关注学习过程而非仅仅关注结果，有效地保护了学生的自信心。与分数评价相比，等级评价更有利于学生的全面发展，因此评价改革应倾向于减少对成绩重要性的强调。

（2）成长记录袋评价。成长记录袋评价通过收集学生在学习、生活和习惯方面的相关信息，分析学生在学习过程中的努力、收获以及成长目标的实现情况。这种评价方式具有实践性、连续性和多样性，能够客观地反映学生的真实状况和发展趋势。它激励学生进行自我反思和目标设定，从而促进个人成长。

综合素质评价重视学生的情感态度、价值观、创新能力和实践技能，强调学生的全面发展。这种评价方法全面评估学生的多方面素质和个性化发展，不仅关注成绩，还关注培养学生的潜能和特长。综合素质评价结合了形成性评价和终结性评价，注重学生发展的过程和最终成果。这种评价方法强调对学生个性差异的关注，引导学生进行自我教育，明确自己的发展方向。

在传统的高校英语教学评价体系中，考试通常被视为主要甚至唯一的评价手段。这种做法存在显著的局限性。首先，它忽视了学生个体间的差异，用统一的标准衡量所有学生，往往无法准确反映每个学生的真实学习水平。其次，这种评价方式过于注重结果，而忽略了学习过程和学生的个性化需求。因此，传统的评价方式在当今多元化、个性化的教学环境中显得力不从心。

4．评价方法要灵活多变

（1）分层评价。在差异化教学的背景下，教学评价应当实现改革和创新。差异化教学强调根据每个学生的能力和需求设计教学内容和方式，这就要求评价方法也要相应地实现个性化和多样化。具体而言，教师可以设计不同难度的问题和作业，根据学生的能力水平和学习进度进行分层评价。这种分层评价不仅能够鼓励每个学生在自己的能力范围内持续进步，还能提供更为个性化的反馈和心理支持，从而更好地促进学生的全面发展。此外，教师应当结合多种评价方法，如学生在日常教学活动中的表现、操作活动记录以及分层测试的结果等，来实施动态评价、过程评价和总结性评价。这种多元化的评价方式能够更全面、公平地评估学生的学习情况，有助于教师及时调整教学方法，满足学生的不同学习需求。

（2）经常性评价。相较于传统的单次考试评价，经常性评价在高校英语教学中的重要性日益凸显。经常性评价能更全面地反映学生的学习和发展情况,强调学生的全面发展和长期进步。它不仅有助于教师及时发现和解决教学中的问题,也能引导学生平稳地经历学习过程,促进其长期的学业成长和个人发展。

5. 评价目的要关注学生的全面发展

(1) 对学生学习情况作出诊断。在高校英语教学中,诊断性评价扮演着重要的角色。这种评价不仅具有教学性质,更是对学生学习状态的全面诊断。通过这种评价,教师可以准确评估学生在知识、技能和情感方面的水平,初步了解学生的知识储备和准备情况。这不仅有助于判断学生是否达到了当前教学目标的要求,还能有效地在差异化教学中找到各自的定位。通过诊断性评价,教师可以发现学生在英语学习中的具体难点,从而有针对性地提供帮助。它引导教师和学生共同关注学习过程,而非仅仅关注结果。

(2) 评价不仅仅是分数或等级。在当今的教育体系中,评价往往被简化为分数或等级。然而,对于学生的全面发展而言,这种简化是不够的。教师需要对学生的学习习惯、方法、态度等多方面进行描述,对学生的学习状态进行深入的判断,并与其知识基础进行比较。通过分析学生的优势与不足,教师可以提出具体的教学和学习改进建议。这种过程性的评价方法,即收集数据、分析判断与提供反馈,是促进学生个性化发展的关键。在这一过程中,学生可以根据自身的情况获得个性化的指导,从而实现各得其所的发展。

(3) 发展性评价的目的与对个体差异的重视。发展性评价的核心目的在于促进学生的个人发展,而不仅仅是为了检查和评比。这要求教师深入理解学生的个人素质和生活环境。教师应该重视学生未来的发展潜力，并基于学生的优点和不足提出建设性的改进建议。制订适合每位学生的个性化发展方案是发展性评价的重要组成部分。这种评价方法强调对个体差异的重视，旨在帮助每一位学生找到最适合自己的学习路径和发展方向。通过这样的评价，学生不仅能够在知识和技能上获得提升，更能在情感和态度上得到成长。

第二节 大学英语分层教学策略与个性化教学

一、学生方面

（一）学生的心理辅导

层次化教学的实施可以帮助学生更好地识别自身的长处和短板，激发他们的学习热情。然而，部分学生可能对这种方法持有保留态度。因此，在实行层次化教学前，对学生进行心理辅导至关重要。这包括帮助学生理解这种教学方式的益处，并使他们充分认识到自己的优势和不足，以确保他们被安排在适当的教学层次。这样做可以避免学生因被分配到不合适的层次而产生心理不平衡。学校可以邀请心理专家和辅导员与学生进行个别沟通。同时，教师需要对学生进行细致的观察，及时发现并解决任何不良情绪，以促进问题的解决。对于基础较弱的学生，也应避免因处于较低层次而感到自卑或产生抵触情绪。

（二）加强学生监管力度，严格考勤

在高校英语教学中，班级管理和学生监督是提高教学质量的关键。随着分层教学的实施，这一管理模式需要进行相应的调整。

首先，分层教学对班级管理方式产生了深远的影响。传统的班级组织结构需要重新建立，以适应不同水平学生的需求。在这一变革中，英语教师不仅是知识的传授者，更是班级的辅导员，他们在学生学习路径和心理辅导上发挥着至关重要的作用。为确保高效的班级监督，固定座位安排成为必要措施，以便于教师对学生的学习状态进行观察和管理。同时，班委会的组成和职责也需重新定义，确保班级内部的自我管理和纪律维护。院系与任课教师间的紧密配合，对于监督机制的顺利运行至关重要。出勤管理在学生纪律维护中占有核心位置。辅导员和学生的协同作用不可忽视，他们需要及时干预学生的学习观念和态度，确保学生能够积极参与课堂学习。与此同时，与院系管理员的沟通也同样重要，以便更好地关注和了解学生的学习动态。

分层教学的实施是一个复杂的过程。首先，通过入学英语测试对学生进行初步分层，随后根据期末考试成绩进行首次调整。在第二阶段，学习标准将指导分层的进一步调整，以确保每位学生都能在适合自己水平的环境中学习。在分层教学中，为不同学习水平的学生制定相应的应对策略是至关重要的。学生应被鼓励根据自身情况自主选择学习层次和教学班。此外，辅导员在指导学生选择时，应提供专业的建议和支持，帮助学生做出最适合自己的选择。

通过这些策略的实施，我们可以更有效的管理和监督学生，从而提高英语教学的整体质量。严格的考勤制度和有效的班级管理是确保学生学习效果的关键。在分层教学模式下,这些措施将有助于建立一个更加有序、高效的教学环境。

二、教师方面

在当代高校英语教学领域,教师角色的多元化和深入发展尤为关键。从历史的角度来看,教师的角色已经经历了重大的变革。随着全球化的加速,国际交流日益频繁,对外语教师的需求也随之增加。这不仅改变了教师的职业路径,也推动了从"教师培训"向"教师发展"的概念转变。教师在课堂中的角色也由传统的知识传递者转变为引导者和激励者,这要求他们不仅掌握教学内容,更要了解学生的需求和心理。

(1)教师作为管理者。作为管理者,教师的职责不仅限于传授课程内容。他们还需关注课堂管理,包括维持课堂秩序、激发学生的学习兴趣和动力。此外,个性化教学方法的发展要求教师能够根据学生的不同需求调整教学策略。这不仅增加了教师的工作量,也提高了他们的专业技能要求。

(2)教师作为督促者。教师作为督促者,需要引导学生跳出传统的学习模式,鼓励他们进行自主学习。这要求教师创造一个支持性的学习环境,鼓励学生探索未知领域,培养他们的批判性思维和解决问题的能力。这种角色转变意味着教师不再是简单的信息提供者,而是成为学生学习旅程中的伙伴和指导者。

(3)教师作为指导者。在英语学习过程中,教师的指导作用不可或缺。他们需要引导学生形成正确的英语学习观念,并应用认知心理学和第二语言习得理论来帮助学生更有效地学习。这种指导不仅涉及学术内容，还包括对学生情感和态度的培养。

（4）教师作为需求分析者。作为需求分析者，教师需要对教学资源进行精选，确保它们能够满足学生的具体需求。这包括教材的选择、教学方法的调整以及教学策略的优化。教师需要持续评估学生的学习进度和理解情况，根据反馈调整教学计划。

（5）教师作为研究者。作为研究者，教师需要不断更新教学方法和策略，将最新的教学理论应用于实践中。这要求教师不断学习，参与专业研讨和实验。通过这种方式，教师能够持续提升自己的专业能力，为学生提供更优质的教学。

（6）教师角色在分层教学中的应用。在分层教学模式中，教师的角色变得更加复杂。他们需要灵活运用不同的教学方法，以适应不同学生的学习需求。这种教学方式要求教师具备识别学生个别差异的能力，并根据这些差异进行教学设计。

第三节　多元智能策略与大学英语个性化教学

一、多元智能策略指导英语个性化教学的必要性、可行性与优越性

（一）必要性

长期以来，我国的教育体系在很大程度上受到了斯皮尔曼智力二因素理论的影响。该理论主要强调对学生语言和逻辑数学智能的培

养,而对其他类型智能的发展关注不足。由于教学评估过度倾向于这两种智能,学生的全面发展受到了限制。在大学英语教学领域,这一倾向导致了对多元智能教学策略的忽视。大多数教师依然沿用单一的教学模式,专注于语言知识的传授和语篇的讲解,而缺乏对语言综合运用能力及多元智能的系统培养。此外,教学评价的单一化也忽视了其全面性、情境性、发展性、多样性和开拓性。

多元智能的培养不仅是知识的积累,更是学生综合素质提升的过程。大学英语个性化教学,作为素质教育的关键领域,致力于学生全方位能力的培养。通过运用多元智能理论中的多样化教学活动,可以有效激发学生的学习兴趣,并提升教学成效。在英语教学实践中,通过这种整合,不仅能够提高学生的语言能力,还能促进他们智能的全面发展。因此,将多元智能策略与英语个性化教学相结合,不仅是可行的,更是教学改革的必然趋势。

(二)可行性

加德纳的研究突破性地揭示了每个孩子都具有潜在的天赋,只是这些天赋以多种不同的形式呈现。每个人都有各自偏好的学习方式、工作习惯和个性特质。因此,在学校教育中,我们不能将所有学生一概而论,他们的智能并非一成不变。在英语个性化教学实践中,教师已经认识到语言学习能力的限制并不等同于智能的缺乏。人类的各项智能在大脑中以复杂且交织的方式发挥作用,而非孤立存在。当这些智能得到积极运用时,语言学习才能达到最佳效果。多元智能策略为教育理念带来的革新在于强调以人为本,尊重和重视个体,致力于人的全面发展，这与我国 20 世纪末提出的素质教育目标不谋而合。

近年来，多元智能策略在全球范围内广泛流行，美国、澳大利亚等国家纷纷开展相关的教育改革实验。在中国，一些专家将多元智能策略誉为"素质教育的理论基础"，许多中小学在新课程改革的试验和实践中，也采纳了这一理念作为指导原则。

随着我国外语教学改革的深入推进，英语专业教学经历了显著的转型。《大学英语教学要求》在原有基础上对基础和提高阶段的要求进行了调整，使其更为客观和科学地反映英语专业教学的培养目标。为了进一步深化教学改革，提升教学质量，满足新时期国家和社会对人才培养的需求，我们应及时调整教学策略，例如将大学英语教学要求划分为三个层次：基本要求、高级要求和最高要求。

（三）优越性

首先，多元智能策略是一个全面而深入的理论框架。在美国，围绕这一理论已经出版了 40 余本著作，包括加德纳本人的作品。这些书籍从不同层次和视角构建了多元智能的理论基础。更重要的是，这样一个完善的理论体系为教学研究提供了一个高起点，从而增强了其实践价值和意义。

其次，多元智能策略与我国推崇的素质教育理念高度一致。素质教育注重学生全面素质的培养，而多元智能策略强调发展学生的多种智能，两者在内涵上极为接近。同时，多元智能策略为我国素质教育提供了坚实的理论支撑。

此外，多元智能策略的实用性也确保了其在英语个性化教学中的实践可行性。到目前为止，国内外的多元智能策略研究已经深入到课堂实践，并提出了多种在教学中培养学生智能的方法。这为大学英语教师提供了实用的参考和指导。

多元智能策略为课堂教学改革带来了新的视角。该理论的核心在于，教学不仅要超越仅以传授知识为目标的模式，还要将重点放在学生智能的培养和发展上。此外，教学应摒弃传统的单一智能观念，致力于发掘学生多种智力潜能。外语教学的转变，从填鸭式教学向以学习者为中心的自主式教学转变，恰好与多元智能策略的精神相吻合。每个学生都具有独特的个性和潜在能力，我们应当培养他们的创新和解决问题的能力，使其成为终身学习者。将多元智能理论与英语个性化教学结合，意味着将各种智能核心能力融入当前的英美文学课程，或将其与英美文学课程交织，以此促进学生在学习过程中多方面智能的发展和提升。相较于传统的智力二因素理论及认知理论，MI（Multiple Intelligences，中文译为"多元重智力理论"）理论在教学指导上更具意义，有助于改变教学理念，树立正确的学生观，为多样化教学策略的实施提供理论支持。因此，探索一种能够在实际教学情境中结合多元智能与英语个性化教学的新课堂教学模式和策略显得尤为重要。

二、基于多元智能策略的英语个性化教学原则

（一）以人为本原则

在现代教育理念中，应理解和实施以人为本的原则，即深信每位学生都有其独特的价值和潜能。这要求教师在教学中尊重每位学生

的个性,挖掘他们的潜力,并提供必要的支持和资源,以促进他们的全面发展。教学过程应以学生的需求和兴趣为导向,鼓励学生积极参与,并在学习中发挥主动性。教师应提供各种学习资源和活动,以适应不同学生的学习风格和智能。

教师需要识别并理解每个学生在不同智能领域中的独特性。这包括鼓励学生在他们最擅长的智能领域中取得成就,同时也帮助他们在其他领域中进行探索和发展。教育计划不仅要关注学生的优势智能,还要支持和加强他们的弱势智能。通过多样化的教学方法和活动,提供丰富的学习机会。

(二)因材施教原则

每位学生都具有独特的学习风格和能力。教师应根据学生的个性化需求设计和实施教学计划,使教学内容和方法尽可能与每位学生的特点相匹配。开发适应多元智能的课程方案,意味着创造多样化的学习环境和活动,这些活动应能够吸引和激励各种智能类型的学生。在个性化教学中,应用多元智能策略来挑战和扩展传统的智力观。这包括设计活动和任务,以满足不同智能类型的学生,从而提高他们在多个领域的能力和兴趣。教师应成为学生潜能的发现者和促进者,特别是那些在传统教学模式下未能得到充分发挥的潜能。这要求教师在课堂上采用更加灵活和创新的教学方法。

(三)协调发展原则

识别和理解学生在智能上的差异是实现协调发展的关键。教师应采取平等、包容的态度，鼓励学生在他们最擅长的领域中取得成就，同时也鼓励他们在其他领域进行探索和学习。教师应设计教学活动，以强化学生的优势智能，同时也提供机会，让学生在相对较弱的智能领域中进行练习和改进。全面的教学目标不仅关注学术成就，还包括个人和社会技能的发展。教师应鼓励学生发展全面的技能和知识，以便在未来的学习和生活中取得成功。还应鼓励学生主动参与学习过程，促进他们的独立思考和问题解决能力。这涉及设计挑战性和启发性的活动，让学生在实际操作中学习和成长。

（四）多元多维评价原则

在多元智能理论的指导下，需要构建新的评价体系，这一体系应在有意义的文化活动中实施多元化评价，包括在这些活动中进行评估，并采用多种方法来全面衡量学生的学习进展。评价过程应强调学生智能的多样性，识别并强化他们的特长，同时也关注他们在其他领域的进步和潜力。动态评价关注学生的进步和成长，而静态评价则侧重于学生在特定时刻的表现。结合这两种评价方法可以更全面地了解学生的学习状况。评价应同时关注学习过程和结果，理解学生的学习过程同样重要，这有助于教师识别学生学习过程中的障碍，并提供相应的支持。可以探索不同的评价方法，如开放性考试、项目评估和自我评估，以激发学生的创造力和独立性。应注重发展性与形成性评价的结合，这种评价重视过程的激励和导向作用，通过持续观察、记录和反思学生的学习过程，帮助学生和教师了解学习进展，并作出适时的调整。

三、基于多元智能策略的英语个性化教学方法

教学方法是实现教学目标的关键手段，涵盖了教师的授课方式和学生的学习策略。这些方法基于特定的教学理念和理论构建，形成了一套相对稳定的教学框架和程序。它们不仅代表了教学理论的实际应用，也反映了从教学实践中总结的经验。在当前英语教学领域，许多教学方法仍然遵循苏联教育家凯洛夫的模式，其流程包括复习课前内容、引入新课题、讲解新内容、巩固所学内容及布置作业等环节。这一模式着重于教师的教授角色，但忽视了学生的学习心理和学习规律。另外，完全以学生为中心的模式过分强调了学生的自主性，而忽略了教师的重要作用，这种模式更倾向于自学，而不完全符合"教学模式"的定义。因此，一个理想的教学模式应结合教师的主导作用和学生的主体地位，实现师生双边的有效互动。

考虑到学生的基础知识、能力差异及各自的智能特点，教师应采用多样化的教学方法来适应各种学习需求。通过融合多元智能理论，教师可以采纳创新的教学方法，如项目式学习、翻转课堂、角色扮演等，以丰富教学内容，激发学生的学习兴趣，同时促进学生在多个智能领域的发展。这种多元化的教学方法不仅提高了教学效果，还有助于培养学生的批判性思维和创造力，为学生的全面发展奠定坚实基础。

（一）交际教学法

交际教学法是一种以语言作为交际媒介的教学方式，旨在强化学

生的交际技能。此方法不仅将语言视为沟通的工具，更加重视通过互动学习策略来提升学生的实际应用能力。它鼓励学生参与角色扮演、小组合作等活动，以增强对文学作品的理解和深化对作品内容的记忆，同时为学生提供丰富的语言实践机会。

与传统教学法相比，交际教学法更注重激发和利用学生天生的语言学习潜力。这种以学生为中心的教学法不仅重塑了传统的教学模式，提高了学生的学习热情，还促进了教师教学观念的更新，特别是在英语个性化教学中，更加强调语言应用能力的培养。通过激发学生的兴趣、研究精神和自主学习能力，这种方法促进了学生的学习积极性，从而提高了他们的语言应用技能和实际应用意识。

在英语个性化教学过程中，教师应根据教学内容和学生的具体情况设计多样的教学活动，重视培养学生的交际能力。教师应致力于创造真实的语言环境，引导学生通过英语进行各种交流活动。利用角色扮演、课文复述、口头作文、对话和讨论等多种教学形式，可以有效提升学生的表达能力和综合素养。这种教学法的核心目标是培养学生运用语言进行有效交际的能力。

（二）"自主学习"教学法

在20世纪60年代，西方教育界首次提出了"自主学习"的概念，强调培养学习者的终身学习技能和独立思考能力。此后，这一理念在20世纪80年代获得了理论上的深入发展，并在近20年中成为外语教学领域的核心议题。学者们从多个视角对"自主学习"进行了界定，其中亨利·霍莱茨（Henri Holec）将其定义为个体对自己学习过程的责任感和能力。这种能力并非与生俱来，而是通过后天的教育和实践培养出来的。

自主学习的核心包括五大要素：设定学习目标、选择学习内容和进度、采用合适的学习方法、监督学习进程以及评估学习成果。学习者需要主动承担学习责任，管理自己的学习行为，根据个人情况设立短期至长期的学习目标，制订学习计划，选择适宜的学习策略和方法，监控学习进程，以及自我评估学习成效和目标达成程度。自主学习过程实质上是学习者自我管理和自我负责的过程。

在英语教学中实施自主学习方法，要求教师转变教学理念，改变自己的角色。在传统的外语教学模式中，教师是课堂的主体，学生的自主性往往被限制。为了创设自主学习的课堂环境，教师应彻底改变观念，放下权威，给予学生更多使用语言的自由和机会。同时，教师的角色也应从单纯的知识传授者、指导者，转变为课堂的组织者、管理者、促进者及英语学习的顾问。在自主学习模式下，教师的责任不仅是传授语言知识，更重要的是培养学生独立学习的习惯和信心，激发他们的学习动机。

英语个性化教学不仅需要在课堂上营造自主学习的氛围，还应在课外提供自愿、自主的学习机会，创造良好的学习环境。教师应布置一些课后作业，鼓励学生通过探索英美文学作品、参与英语沙龙等活动来自主学习英语。同时，教师还需要采用新的学习成绩评估方式，改变单一依赖试卷成绩的旧做法，将课堂参与度、课外活动、实际语言应用等因素纳入成绩评估体系。

(三) 任务型（也称小组合作学习）教学法

任务型教学法融合了交际法教学和第二语言研究的精髓，代表了现代语言教学中以真实场景为背景的先进理念。这种方法与英语专业教育改革的趋势相契合，强调在真实语境和具体任务的驱动下，通过自主与协作相结合的方式，使学生在讨论和交流的环境中进行学习。此方法不仅促进了学生的实际语言应用，还为语言的学习和内化创造了有利环境，同时培养了他们的交流、管理、合作和创新能力，以及团队合作精神。因此，将任务型教学法应用于英语个性化教学对于推动英语教育改革和提升学生的语言运用能力具有重要的现实意义。

在以人本主义教育理念为指导的背景下，任务型教学法受到了广泛关注。这种方法能够使学习者以更自然的方式习得语言，拓展其潜在的语言能力。通过实施以小组合作为中心的教学模式，可以实现以下目标：一、激发学生参与学习的积极性和兴趣。二、增强学习和教学的策略性。三、促进学习过程中的互动，有利于教学交流的全面发展，体现教学活动的社会性。四、建立和谐、民主、合作的师生关系。五、培养学生的团队合作精神和自主学习、实践能力，帮助学生在合作中更好地了解自己，解决问题。

任务型教学法是中国外语教育界倡导的"以人为本"和"以学习为中心"的教学方法，重视应用能力和创新能力的培养。在中国，这种教学模式尚属新颖，其应用过程中面临来自各方面的挑战和质疑。为了不断完善和发展任务型教学法，还需要进行更多的努力和尝试。

四、基于多元智能策略的英美文学课堂教学要求

（一）寻找最恰当的切入点

在多元智能理论指导下的课程设计中，关键在于根据学生的学习风格制订教学计划。有效的教学应让学生通过自己独特的方式参与学习，以实现教学目标。因此，教师需深入了解所教授的内容，并确定哪种智能类型最适合作为教学切入点。通常情况下，学生偏好的学习方式是最高效的切入方式。教师需掌握学生的多元智能分布，以便采用分层次的教学方法，让学生充满信心地选择适合自己的学习路径。

（二）教学设计必须具有系统性

在多元智能教学中，使用的智能类型数量并不直接决定教学活动的优劣。采用多元智能作为教学框架时，不应期望通过单一活动覆盖所有智能类型，这可能会导致学习效率降低，甚至引起学生的反感。因此，在基于多元智能的教学活动设计中，需要有条理地规划，最好按学期划分，确保覆盖所有智能类型，从而实现适合所有学生发展的目标。

（三）创设一个多元化的教学环境

在设计英美文学课程时，教师应提供丰富的多元智能教学材料和充足的互动空间。学校应为学生提供各种学习资源，如书籍、杂志、

公告板、海报、电脑和网络资源等，同时还需提供各种学习和解决问题的工具，如教学道具、纸笔、日记本、笔记和文字处理软件等，以促进学生通过多种感官进行学习。这样可以创设一个多样化的学习环境，有助于促进学生不同智能方面的发展。

第四节　基于翻转课堂的大学英语个性化教学策略

翻转课堂有时也被称作"颠倒课堂"，是一种创新的教学模式。它涉及重新安排课堂内外的学习时间，主要是将学习的主动权从教师转移到学生手中。在这种模式下，课堂时间被用于更积极的基于项目的学习，让学生共同探讨本地或全球性挑战，以及现实生活中的问题，这有助于学生获得更深入的理解。

在翻转课堂中，教师不再利用课堂时间直接讲授，而是要求学生在课前通过自学完成必要的学习任务，比如观看视频讲座、收听播客、阅读电子书籍及参与在线讨论。这种模式使教师有更多时间与学生互动交流。课后，学生可以自主安排学习内容、节奏和方式，教师则通过讲授法和协作法来支持学生的个性化学习，旨在通过实践让学生获得真实的学习体验。

翻转课堂是更广泛的教育变革运动的一部分，它与混合式学习、探究式学习以及其他教学方法和工具有相似之处，其共同目标是让学习过程更灵活、更主动，提高学生的参与度。在互联网时代,翻转课堂通过充分利用网络资源,为学生提供丰富的在线学习机会,不再局限于传统课堂。特别是移动互联网的发展,进一步推动了翻转课堂的普及。这种模式彻底改变了基于传统印刷技术的课堂教学结构和流程,引领了教师角色、课程模式和管理方式等方面的革新。

虽然学术界对翻转课堂的定义尚未统一,但不同学者的观点在本质上并无巨大差异。总体来说,翻转课堂是一种结合现代化教学手段的教学模式。教师在课前通过导学案、PPT、微课视频等方式传授知识,在课中通过小组讨论等形式引导学生深化学习,并在课后帮助学生巩固所学知识。

二、翻转课堂产生的时代背景

第三次科技革命是由空间技术、核能技术、电子计算技术等领域的迅猛发展和应用所标志的历史阶段。特别是电子计算机技术的普及,极大地推动了生产自动化、管理现代化、科技手段的现代化以及国防技术的更新,同时促进了信息情报的自动化处理。这场科技革命引领了信息技术的高速发展,并引发了一场全球性的信息革命。互联网的全球普及成为信息革命的显著特征。信息技术的巨大变化催生了新一轮的技术革新,并对社会发展产生了深刻影响。

在当今的数字化、信息化时代,新技术的迅速发展和广泛应用对个人的成长和发展提出了更高的要求。在这个重要的历史转折点,教育工作者应重新审视和调整教育体制与教学方式,思考如何更有效地结合现代技术，以发挥其在教育教学中的最大潜力。在这个信息化时代，教育的一个核心目标是使教师能够积极地处理信息，提升他们在信息获取、分析和处理等方面的能力。

三、翻转课堂的特点

教学视频的应用不是新概念，早在20世纪50年代，许多国家便已开始尝试广播电视教育。然而，这些早期尝试并未对传统教学模式产生显著影响。相比之下，"翻转课堂"却引起了广泛的关注，原因在于它具有以下显著特点。

（一）精练高效的教学视频

无论是萨尔曼·汗的数学辅导视频，还是乔纳森·伯尔曼和亚伦·萨姆斯的化学教学视频，它们都有一个共同的特点：内容精练而高效。大部分视频时长仅为数分钟，即使较长的视频也不过十几分钟。每个视频专注于一个具体问题，易于查找；视频长度适中，符合学生的注意力集中时段；这些通过网络发布的视频还具有暂停、回放等功能，便于学生根据自己的节奏进行学习。

（二）清晰明了的教学信息

萨尔曼·汗的教学视频的一大特点是简洁的视觉风格。视频中只展示他的手写数学符号，这些符号慢慢填满屏幕，辅以解释性的旁白。这种方式更像是在一张桌子旁与学生共同学习，而非传统的教师讲台式教学。这种简洁的视觉表现减少了注意力的分散，尤其适合学生自主学习。

（三）重构学习流程

传统学习过程通常包括两个阶段，即信息传递和吸收内化。"信息传递"阶段通过师生、生生互动实现，而"吸收内化"阶段则在课后独立完成。但在翻转课堂中，学习过程被重新组织：课前的"信息传递"通过视频和在线辅导进行，课堂上的"吸收内化"则通过师生及生生间的互动实现。这样的结构使学生在课堂上能够得到更有效地辅导和支持，促进知识的内化。

（四）方便快捷的复习与检测

学完视频后，对应设计的小问题可以帮助学生及时检测和评估自己的理解情况。如有必要，学生可以重新观看视频，深入思考问题所在。学生的回答情况可通过云平台进行汇总，方便教师掌握学生的学习状况。此外，视频还便于学生后期的复习和巩固，评价技术的跟进也为教师提供了实证性的数据，有助于更好地理解学生的学习过程。

四、融合个性化教学理念的翻转课堂设计

每位学生都具有独特的个性，他们在认知水平、兴趣、发展潜能和价值观方面各有不同。传统的一体化教学模式往往试图将学生的学习过程标准化，忽视了学生的个性差异。相比之下，翻转课堂则提供了一种更加个性化的教学方法。这种模式能更好地适应不同学生的学习需求和性格特点。

（一）个性化教学理念下的翻转课堂模式

1．训练掌握型翻转课堂

这种模式结合了自主学习、实践练习和达标测试，使学生能够深入掌握并灵活应用所学知识。它适用于一些理解能力较弱或学习动力不足的学生，通过实际操作来增强他们的学习兴趣，使知识不仅仅是书本上的文字，更是认知世界的工具。

2．问题探究型翻转课堂

此模式采用探究性学习的方式，鼓励学生在教师的指导下提出问题并设计实验和调查来解答。这种方式特别适用于内向、思维局限的学生，激励他们积极表达自己的观点，通过实践探究来解决问题。

3．研讨建构型翻转课堂

这种模式通过研讨和交流来促进学生的知识建构，旨在培养学生的思辨精神和能力。它适用于思维敏捷、逻辑能力强的学生，可以在翻转课堂中充分锻炼他们的思维能力，并加深对知识的理解。

（二）个性化教学理念下翻转课堂策略实施的注意事项

1．培养学生的自主学习能力

学生需具备强烈的自我驱动能力，这对于习惯于被动接受知识的学生尤为重要。教师应培养学生的自主学习能力，帮助他们适应这种以学生为中心的学习模式。

2．合理安排学习资源和时间

学生需要在众多科目之间平衡时间，因此课前视频学习、预习以及课后作业的时间安排十分关键。教师需要监督学生的预习活动,确保他们不会忽视这一重要环节。

3. 灵活采用翻转课堂和传统模式

对于不适合采用翻转课堂的内容,应继续使用传统教学模式。翻转课堂虽然是教学改革的趋势,但其实施应遵循循序渐进的原则,同时关注教师和学生的反馈,避免过于急切地推进改革。

参 考 文 献

[1] 曹才翰．中学英语教学概论［M］．北京：北京师范大学出版社，1990．

[2] 付克．中国外语教育史［M］．上海：上海外语教育出版社，1986．

[3] 顾日国．英语教学法（上、下）［M］．北京：外语教学与研究出版社，1999．

[4] 桂诗春．应用语言学［M］．长沙：湖南教育出版社．1988．

[5] 胡弘．外语素质的培养概论［M］．武汉：湖北教育出版社，2002．

[6] 胡文仲．文化与交际［M］．北京：外语教学与研究出版社，1994．

[7] 黄高庆．数学课程标准解读［M］．北京：北京师范大学出版社，2008．

[8] 李秉德．教学论［M］．北京：人民教育出版社．

[9] 李洪玉，何一粟．学习动力［M］．武汉：湖北教育出版社，2003．

[10] 李剑萍，魏薇．教育学导论［M］．北京：人民出版社，2000．

[11] 李晓文，王董．教学策略［M］．北京：高等教育出版社，2000．

[12] 李筱菊．语言测试科学与艺术［M］．长沙：湖南教育出版社，1996．

[13] 罗先达，尹化寅，周替主．英语教学实施指南［M］．武汉：华中师范大学出版社，2003．

［14］马云鹏，张春利．数学教育评价［M］．北京：高等教育出版社，2003．

［15］邵瑞珍．教育心理学：学与教的原理［M］．上海：上海教育出版社，1983．

［16］邵瑞珍．教育心理学［M］．上海：上海教育出版社，1997．

［17］王红宇．美国合作学习简介［M］．北京：外国教育资料，1991．

［18］王坦．合作性学习的原理与技巧［M］．北京：机械工业出版社，2001．

［19］吴效锋．新课程怎样教［M］．沈阳：沈阳出版社，2003．

［20］钟启荒．学科教学论基础［M］．上海：华东师范大学出版社，2001．

［21］钟启泉．现代教学的模式化研究［M］．济南：山东教育出版社，2000．